「創業30年の壁」を超える
第二創業
組織づくり

創業オーナーがいなくても
回る会社にする
3つの要諦

佐々木啓治 著

セルバ出版

はじめに

「企業の寿命は30年」という言葉を聞いたことはあるでしょうか。いわゆる「企業寿命30年説」は1983年に経済情報誌の日経ビジネスに掲載された記事が発端と言われています。

この説に関しては有名な経営者の中でも、例えば三菱金属鉱業株式会社（現：三菱マテリアル株式会社）時代の永野健社長が「企業にも当然寿命がある。組織も技術も成長期からやがて爛熟期を迎える。精練所の場合ならこのライフサイクルは30年足らずに過ぎない、というのが私の実感だ」という言葉や、日本電気株式会社（NEC）の小林宏治会長も「企業が成長段階から成熟、そして衰退期を迎えるライフサイクルは、何もせずに放っておく限り30年程度に過ぎない」という、企業寿命30年説に類似した言葉を過去に残しています。

私はこれまで「企業成長の壁」超えコンサルタントとして「今まで順調に売上を伸ばしてきたのに、ここにきてその成長が鈍化しはじめた」「ここ数年、売上が停滞しており、社内にも閉塞感が漂っている」というような、企業成長の壁に阻まれている企業を専門に、多くの会社をサポートしてきました。

特に企業成長の壁として顕著なのは「年商30億円」や「社員30名」といった企業にまつわる「30」の数字の手前で停滞している企業が多いのですが、もう1つの「30」の壁に「創業30年の壁」があるのではないかと思っています。

「企業寿命30年説」に関連するものをデータ面で見てみると、東京商工リサーチによる「倒産企業の平均寿命」に関する調査では、２０２３年に倒産した企業の平均寿命は「23・1年」という結果が出ています（図表1・2）。

図表2にあるように、製造業が36・3年で最も高く、金融・保険業が15・0年で最も低いなど産業別によって数字のバラつきはありますが、２００９年から２０２３年までの間、２００９年、２０１０年とリーマンショックの影響があった年を除けば、倒産企業の平均寿命は23年〜24年の間でよくも悪くも「安定的」に推移しているといえます。

もう1つのデータとして、同じく東京商工リサーチによる「企業の平均年齢」調査によると、製造業が42・11年と最も高く、「産業」自体の歴史が浅い情報通信業が23・15年と最も低いという形で、こちらも産業別に差はありますが、２０２１年の国内１５７万社の平均年齢（業歴）は、「34・1年」という結果が出ています（図表3・4）。

これらのデータから、明確に「企業の寿命は30年」というには若干の数字の上下はありますが、企業成長の1つの壁として「創業30年の壁」が存在するといえるのではないでしょうか。

近年では、創業社長が「長く会社を続けていく」ということを目的にするのではなく、特にＩＴ関連の起業家においては、これまでの市場にないユニークなプロダクトをつくり出し、短期間で会社を一気にスケールさせて、最終的には会社をバイアウトすることを目的にしている方も珍しくはありません。

【図表１　倒産企業の平均寿命】

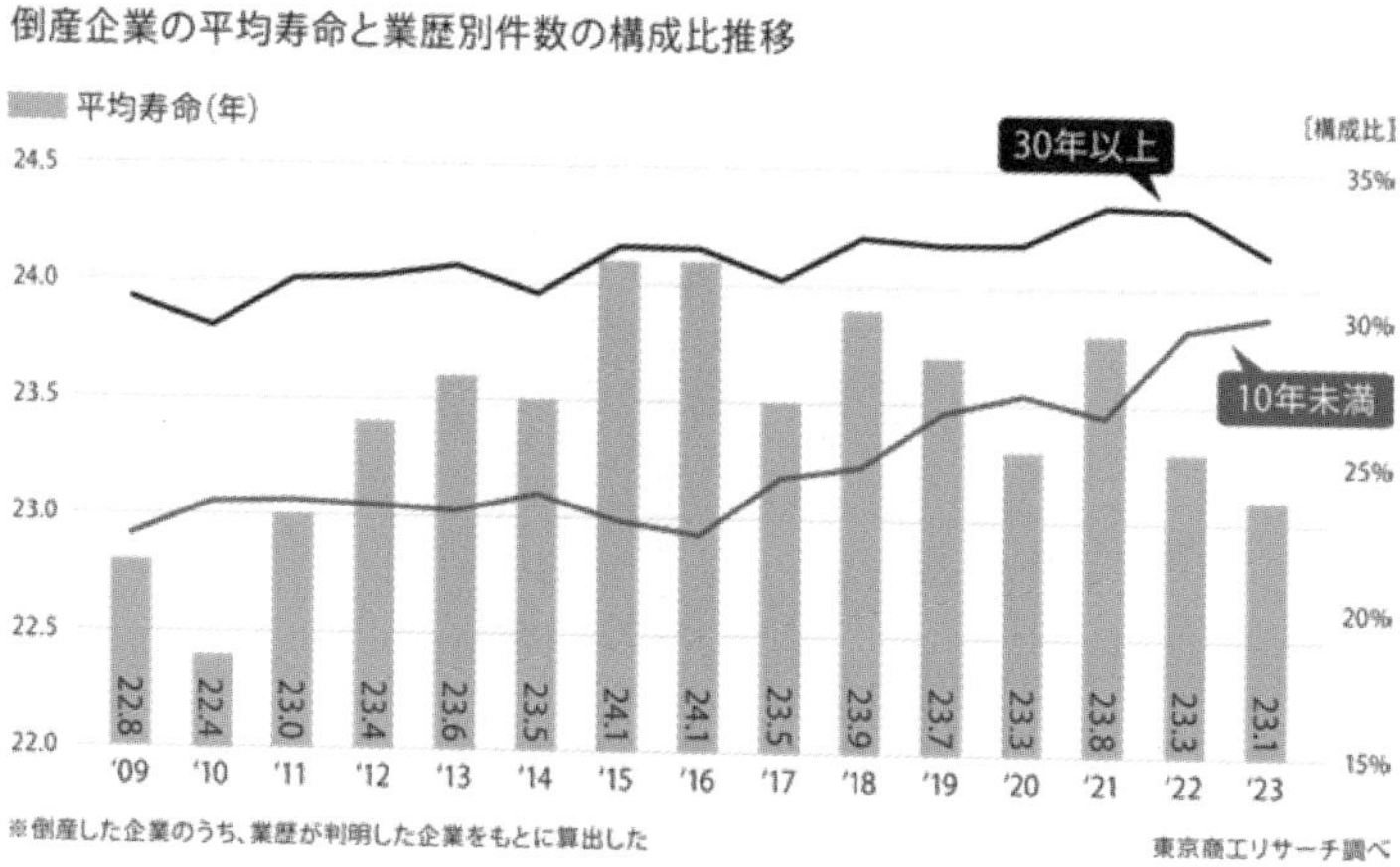

【図表２　倒産企業の平均寿命推移】

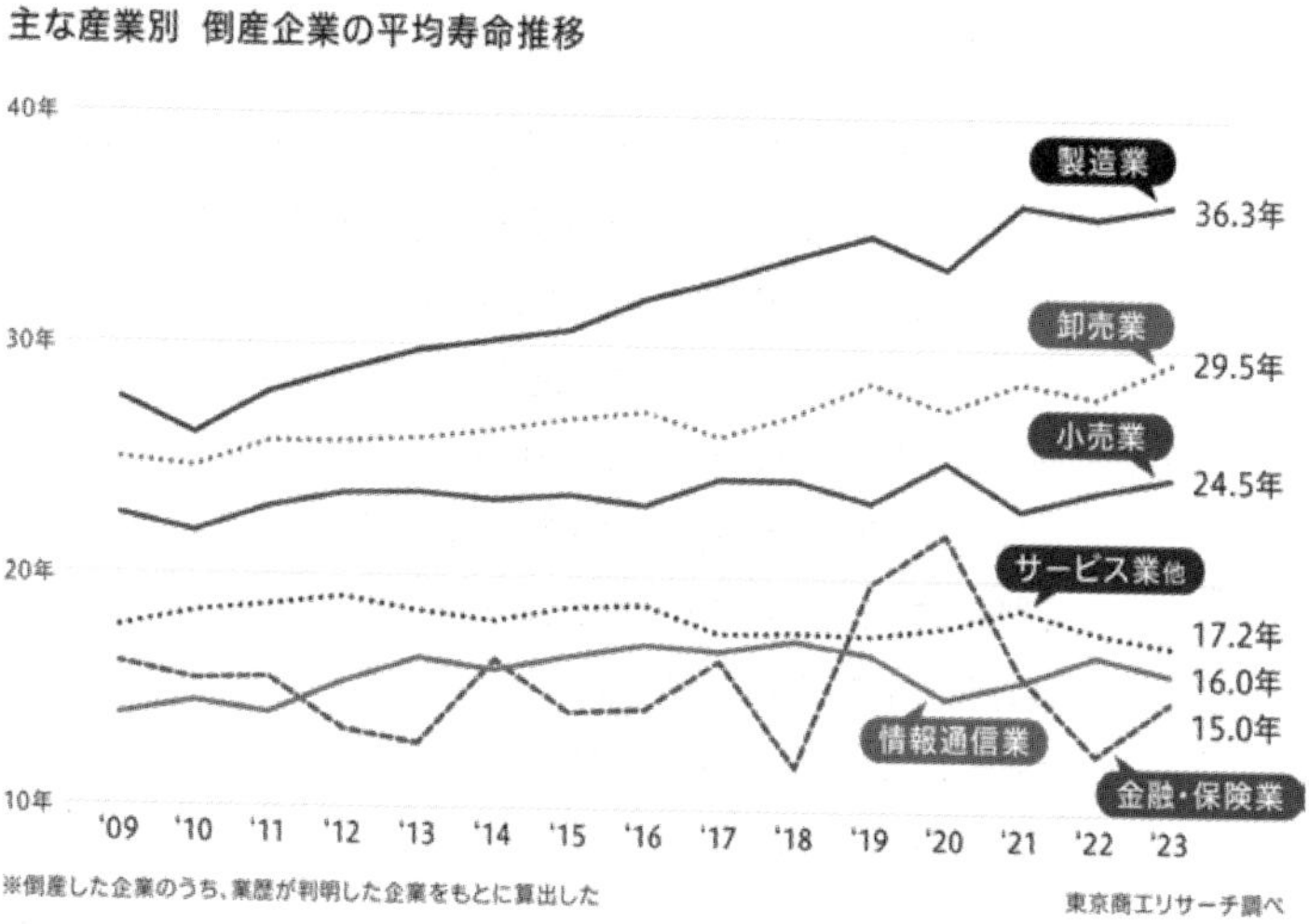

【図表３　企業の平均年齢】

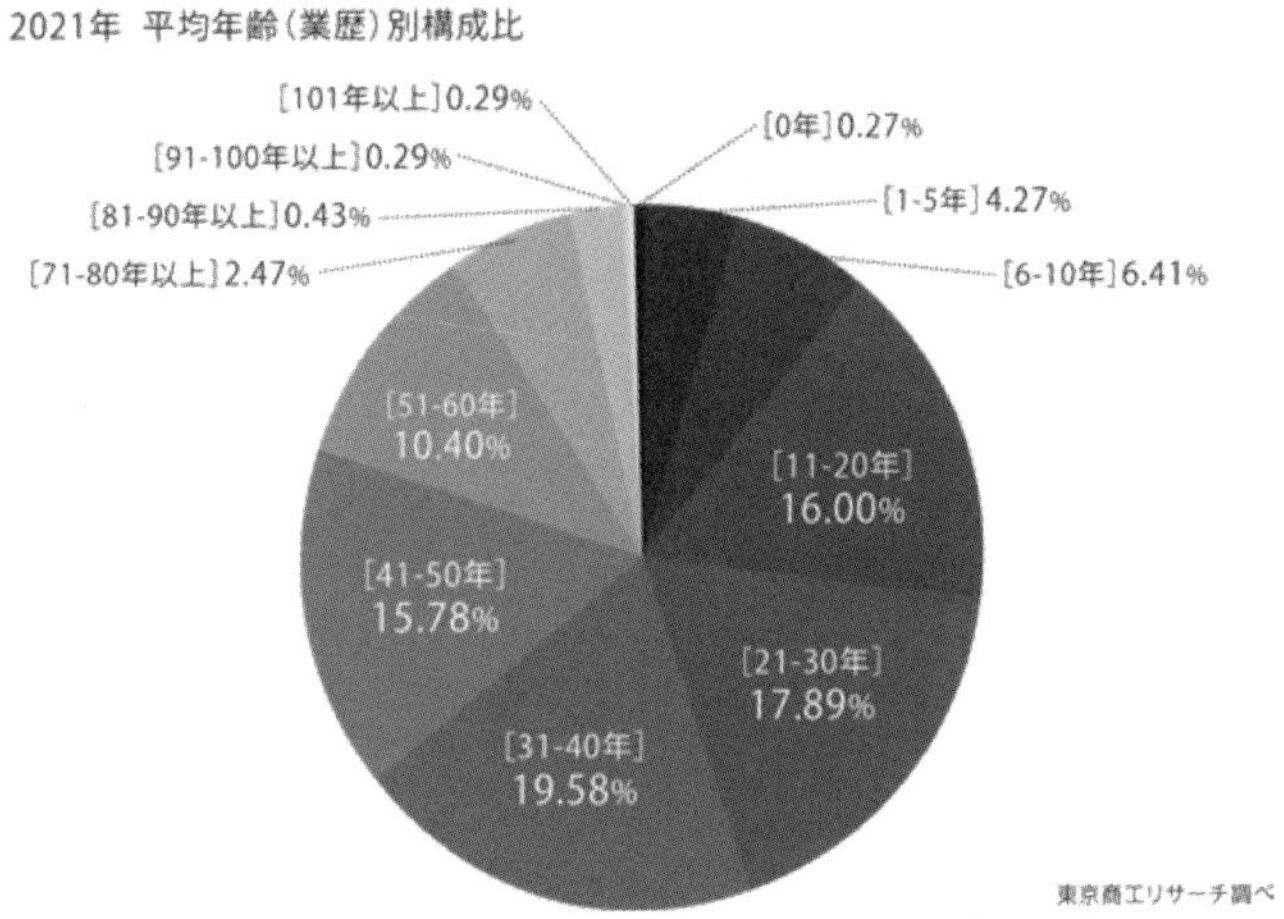
2021年 平均年齢(業歴)別構成比
[101年以上]0.29%
[0年]0.27%
[91-100年以上]0.29%
[1-5年]4.27%
[81-90年以上]0.43%
[71-80年以上]2.47%
[6-10年]6.41%
[51-60年] 10.40%
[11-20年] 16.00%
[41-50年] 15.78%
[21-30年] 17.89%
[31-40年] 19.58%
東京商工リサーチ調べ

【図表４　企業の平均年齢（業歴）】

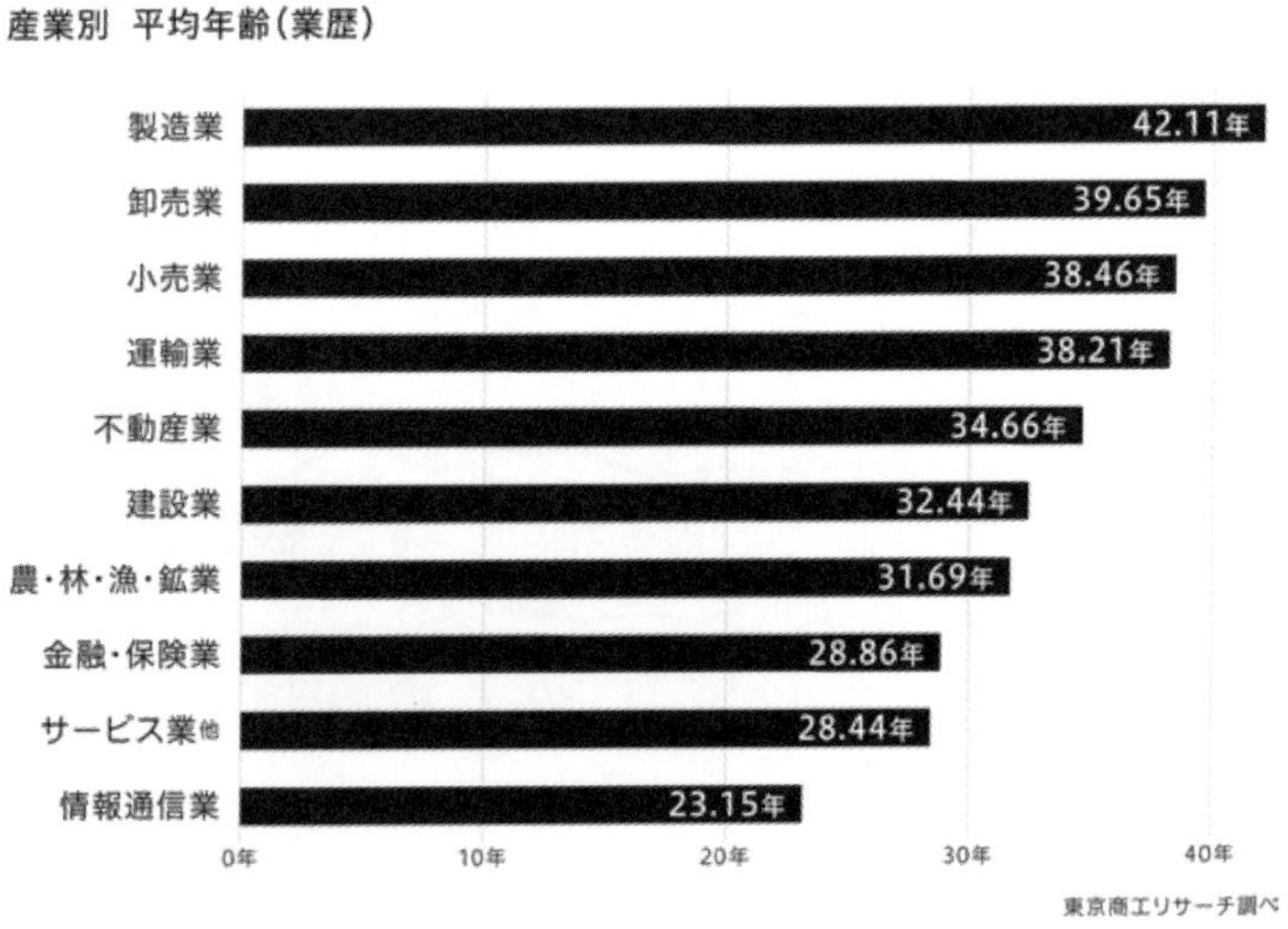
産業別 平均年齢(業歴)
製造業 42.11年
卸売業 39.65年
小売業 38.46年
運輸業 38.21年
不動産業 34.66年
建設業 32.44年
農・林・漁・鉱業 31.69年
金融・保険業 28.86年
サービス業他 28.44年
情報通信業 23.15年
0年
10年
20年
30年
40年
東京商工リサーチ調べ

その目的自体がいい悪いということはありませんが、そのような中でも「自分でつくった会社をより長く続けていきたい」「100年企業を目指している」など、自社の持続的な成長により、顧客や社会に広く長く価値を提供したい、という目的の会社も多くあります。

特にそのようなゴーイングコンサーンを目指す企業にとって、先述した「創業30年の壁」は高い確率で出現し、かつ乗り越えなくてはいけない壁です。

本書では、この「創業30年の壁」について、いかにしてその壁を超えていくかのポイントとなる「第二創業組織」をつくるプロセスを体系的にお伝えしていきます。

第二創業期、という言葉はよく聞くと思いますが、そうではなく本書であえて「第二創業組織」としたのは、VUCAと呼ばれる変化のスピードが急速になっている現代、かつ人材不足と言われる昨今、これまで以上に企業にとって重要視されるのが「人」そして「組織」であるからです。

企業成長の壁超えコンサルタントとしてこれまで14年、多くの企業をサポートしてきた中で培ってきた知見を「創業30年の壁」という切り口でお伝えできればと思い、筆を執りました。

本書が、貴社の「創業30年の壁」超えに繋がり、そしてさらなるの企業成長、発展の一翼を担えれば幸いです。

2024年6月

WITH株式会社　代表取締役　佐々木啓治

「創業30年の壁」を超える第二創業組織づくり　創業オーナーがいなくても回る会社にする3つの要諦　目次

はじめに

第1章　「創業30年の壁」とは

第2章　要諦1／自社の5W1Hを決める

第3章　要諦2／マネジメントの仕組みをつくる

顧客インタビュー　株式会社サニタ　代表取締役　津田 康徳様

第4章　要諦3／SOFTサイクルを回す

顧客インタビュー　株式会社みぼろ　代表取締役　御母衣 崇秀 様

おわりに

第1章

Chapter 1

「創業30年の壁」とは

創業30年を超えている企業の割合

本書では創業30年という数字にフォーカスして様々な視点をお伝えしていきますが、実際に創業30年を超えている企業はどれくらいあるのでしょうか。先述した東京商工リサーチによる「企業の平均年齢」調査において、157万社を業種別に業歴構成したデータがあります。

「農・林・漁・鉱業」「建設業」「製造業」「卸売業」「小売業」「金融・保険業」「不動産業」「運輸業」「情報通信業」「サービス業他」という10の業種カテゴリーで調査されたそのデータによると、創業30年を超えている企業の割合は、「製造業」が最も高く73・07%、次いで「卸売業」が67・0%、「運輸業」が61・7%と、歴史のある業種が上位を占める傍ら、歴史の浅い「情報通信業」が最も低く29・41%、全業種を平均すると53・2%となっています（図表5）。

高度経済成長期は自動車産業を中心に、特に製造業が盛んであり、日本の経済力の中枢であったため、その産業自体の歴史もさることながら、業種によって数字が大きく異なっていますが、平均すると日本の企業の約半数が創業30年を超えているということがわかります。

帝国データバンクでも同じように約146万社を対象に業歴別企業数のデータを出していますが、こちらは創業30年という括りではなく、50年未満かそれ以上、というカテゴライズをしているため、創業30年以上の会社の割合は明確に出ておりませんが、創業50年未満の会社の割合が図表6にあるとおり、67・5%という数値が出ています。

【図表 5　創業 30 年を超えている企業の割合（平均業歴別構成比）】

業歴	農・林・漁・鉱業	建設業	製造業	卸売業	小売業	金融・保険業	不動産業	運輸業	情報通信業	サービス業他	
0年	0.43%	0.35%	0.12%	0.11%	0.22%	0.50%	0.22%	0.12%	0.50%	0.33%	
1〜5年	7.07%	4.15%	2.22%	1.96%	3.03%	8.06%	3.93%	2.87%	9.36%	6.66%	
6〜10年	9.60%	5.79%	3.20%	3.47%	4.86%	10.20%	6.51%	4.81%	11.55%	10.43%	
11〜20年	17.02%	14.94%	9.10%	11.24%	13.86%	27.15%	16.53%	14.22%	28.22%	22.64%	
21〜30年	17.26%	21.52%	12.30%	16.22%	16.79%	15.99%	15.59%	16.29%	20.94%	17.91%	平均
30年以下合計	51.38%	46.75%	26.94%	33.00%	38.76%	61.90%	42.78%	38.31%	70.57%	57.97%	46.8%
31〜40年	15.97%	21.93%	20.32%	20.65%	18.02%	13.40%	20.19%	15.84%	17.52%	17.17%	
41〜50年	14.35%	17.05%	18.54%	18.52%	15.73%	8.60%	16.17%	16.86%	6.71%	12.44%	
51〜60年	10.42%	9.47%	16.79%	12.57%	11.86%	5.39%	1039%	14.96%	2.99%	6.97%	
61〜70年	4.42%	3.22%	10.85%	9.74%	9.14%	4.77%	6.61%	9.85%	1.29%	3.53%	
71〜80年	2.05%	1.20%	4.83%	4.36%	3.81%	3.92%	2.97%	3.12%	0.68%	1.32%	
81〜90年	0.49%	0.21%	0.85%	0.54%	0.87%	0.53%	0.44%	0.52%	0.11%	0.25%	
91〜100年	0.42%	0.11%	0.39%	0.30%	0.84%	0.92%	0.27%	0.28%	0.06%	0.20%	
101以上	0.50%	0.07%	0.50%	0.32%	0.96%	0.50%	0.19%	0.27%	0.05%	0.16%	平均
31年以上合計	48.62%	53.26%	73.07%	67.00%	61.23%	38.62%	57.23%	61.70%	29.41%	42.04%	53.2%

東京商工リサーチのデータをもとに当社で編集

【図表６　業績別企業数】

業歴	企業数		割合	
50年未満	986,192社		67.500%	
50年～100未満	436,671社	1,422,863社	29.900%	97.4%
100～150年未満	32,596社		2.232%	
150～200年未満	3,478社		0.238%	
200～250年未満	524社		0.036%	
250～300年未満	220社		0.015%	
300～350年未満	323社		0.022%	
350～400年未満	193社		0.013%	
400～450年未満	150社		0.010%	
450～500年未満	45社		0.003%	
500年以上	21社	37,550社	0.001%	2.6%
総計	1,460,413社	1,460,413社	100.000%	100.0%

［出典］帝国データバンク

これらの割合から創業30〜50年の会社の割合を抜いて、創業50年以上の32・5％と足し合わせた数字が創業30年以上の会社の割合となりますが、ざっくり計算すると50年から20年分、つまり67・5％の5分の2の数値は27・０％なので、32・5％と足し合わせて約60％となり、こちらのデータにおいても約半数以上が創業30年を超えている会社の割合ではないか、という1つではなく2つのデータにおける裏づけで仮説が成り立ちます。

長生き企業大国、日本

もう少しマクロ的な観点で見てみましょう。そもそも世界的に見ても日本は「長生き企業」が多いのです。

日経ＢＰコンサルティング・周年事業ラボの調査によると、創業１００年以上の企業数は日本が３万３０７６社で世界第1位であり、世界の１００年企業全体に占める割合が41・３％で2位の米国の24・４％に対して17ポイントの差をつけています（図表7）。

創業２００年以上の企業数になるとその傾向はさらに高まり、企業数は１３４０社でこちらも日本が断トツのトップです。世界の創業２００年を超える企業全体に占める割合は65・０％で2位の米国の11・６％に対して53ポイントもの差をつけています（図表8）。

このような結果から、なぜ日本では長生きする企業が多いのかというと、その要因は様々あると思いますが、欧米諸国と比較して会社に対する価値観が異なる、ということが一因にあるでしょう。

【図表7　創業100年企業の国別ランキング】

創業100年以上の企業数と比率

		企業数	比率
1位	日本	33,076社	41.3%
2位	米国	1,9497社	24.4%
3位	スウェーデン	13,997社	17.5%
4位	ドイツ	4,947社	6.2%
5位	英国	1,861社	2.3%
6位	イタリア	935社	1.2%
7位	オーストリア	630社	0.8%
8位	カナダ	519社	0.6%
9位	オランダ	448社	0.6%
10位	フィンランド	428社	0.5%

【図表8　創業200年企業の国別ランキング】

創業200年以上の企業数と比率

		企業数	比率
1位	日本	1,340社	65.0%
2位	米国	239社	11.6%
3位	ドイツ	201社	9.8%
4位	英国	83社	4.0%
5位	ロシア	41社	2.0%
6位	オーストリア	31社	1.5%
7位	オランダ	19社	0.9%
8位	ポーランド	17社	0.8%
9位	イタリア	16社	0.8%
10位	スウェーデン	11社	0.5%

［出典］日経BPコンサルティング　周年事業ラボ（図表7・8ともに）

日本は欧米諸国と違い、会社を短い期間で利益を大きくするよりも、長く存続することに価値を置いている企業が多いということ、また古くから勤続年数に応じて昇給や役職を与えられるという年功序列システムを取り入れる企業が多いため、いい意味で人材が定着し続けることで安定的な成長、持続を遂げてきたということがいえるのではないしょうか。

ただ、現在がそうであるように、時代によって人の働く価値観、企業としての目的も変化するため、その変化に応じて会社が様々な対策を講じることで創業30年の壁を超え、そして100年を超えるような長寿企業になれるのです。

創業30年企業の経営体制パターン

先述した図表1から図表4において「倒産企業の平均寿命」や「企業の平均年齢」という数値データで「創業30年」という数字が企業成長における1つの「壁」となっている可能性をお伝えしました。

私もこれまで創業30年の前後にある企業のサポートをしてきましたが、その業歴にある企業の8割は3パターンの経営体制になっていると感じています（図表9）。

パターン①　創業社長が「現役トップ」

創業30年の企業の経営体制パターンの1つ目は、創業社長が未だ現役のトップとしてバリバリ活躍している体制です。

【図表9　創業30年企業の経営体制3パターン】

パターン①　創業社長が「現役トップ」

パターン②　創業者が会長として「院政」

パターン③　二代目社長に「完全移行」

後継者である二代目社長候補が社内にいるかどうかは企業によって異なりますが、いずれにしても創業者である社長が自ら現場に立って社員を、そして会社を牽引しており、あと何年かは自身で経営を続けていくつもりで、自分が現役トップにいる間はなんとかなる体制ですが、いつまでも現役でいられることはできないとわかっていながらも、そもそも候補として「後継者がいない」や、後継者候補が社内にいながらも「後継者が育たない」など、いわゆる後継者対策に問題意識を抱えている状態です。

パターン②　創業者が会長として「院政」

創業30年の企業の経営体制パターンの２つ目は、二代目社長はいながらも創業者が会長として会社に影響力をもっている「院政」というパターンです。

「院政」という言葉は、一見よくないイメージもありますが、実際のところは創業者が完全に会社から離れるのは危うい状態であり、会長としてある意味組織を「見張って」いないと会社が回らない、という体制になっています。

実際、多くの会社では、重要な意思決定や大きな問題が生じた際、二代目社長が会長に相談をして進めていくなど、創業オーナーの「力」が必要な場合がほとんどです。

創業者としては二代目社長に完全にバトンを渡したいのですが、まだその域には達していないと判断し、完全移行するまでの繋ぎの期間であるといえます。

パターン③　二代目社長に「完全移行」

創業30年の企業の経営体制パターンの3つ目は、二代目社長に「完全移行」している状態です。パターン②の創業者が会長として「院政」という体制を経て完全移行しているか、パターン②の体制を経ずに完全移行したかは会社によって異なりますが、創業社長は完全に自社から離れて二代目社長が会社を牽引している体制が3パターン目です。

創業30年経って今なお順調に企業成長している会社においても、成長に停滞感が出ている、または衰退期に足を踏み入れている会社においても「創業社長がつくった会社をそのままいい意味で維持」させていくか、「これまでのよい部分を残しつつ新しい組織をつくっていく」か、1つの分岐点となる状態であるといえます。

創業時の年齢により傾向が変わる

創業社長が何歳の時に会社を立ち上げたかにも、これらのパターンの傾向は変わってくるでしょう。

日本政策金融公庫の新規開業実態調査によると、2019年度に独立・開業した人の年齢、つまり開業時の年齢は40歳代が36・0%、次いで30歳代が33・4%と30・40代で約7割を占めています(図表10)。

これが今から30年前の1994年の数字でも30歳代が39・0%、次いで40歳代が34・3%と、平

【図表10　開業時の年齢】

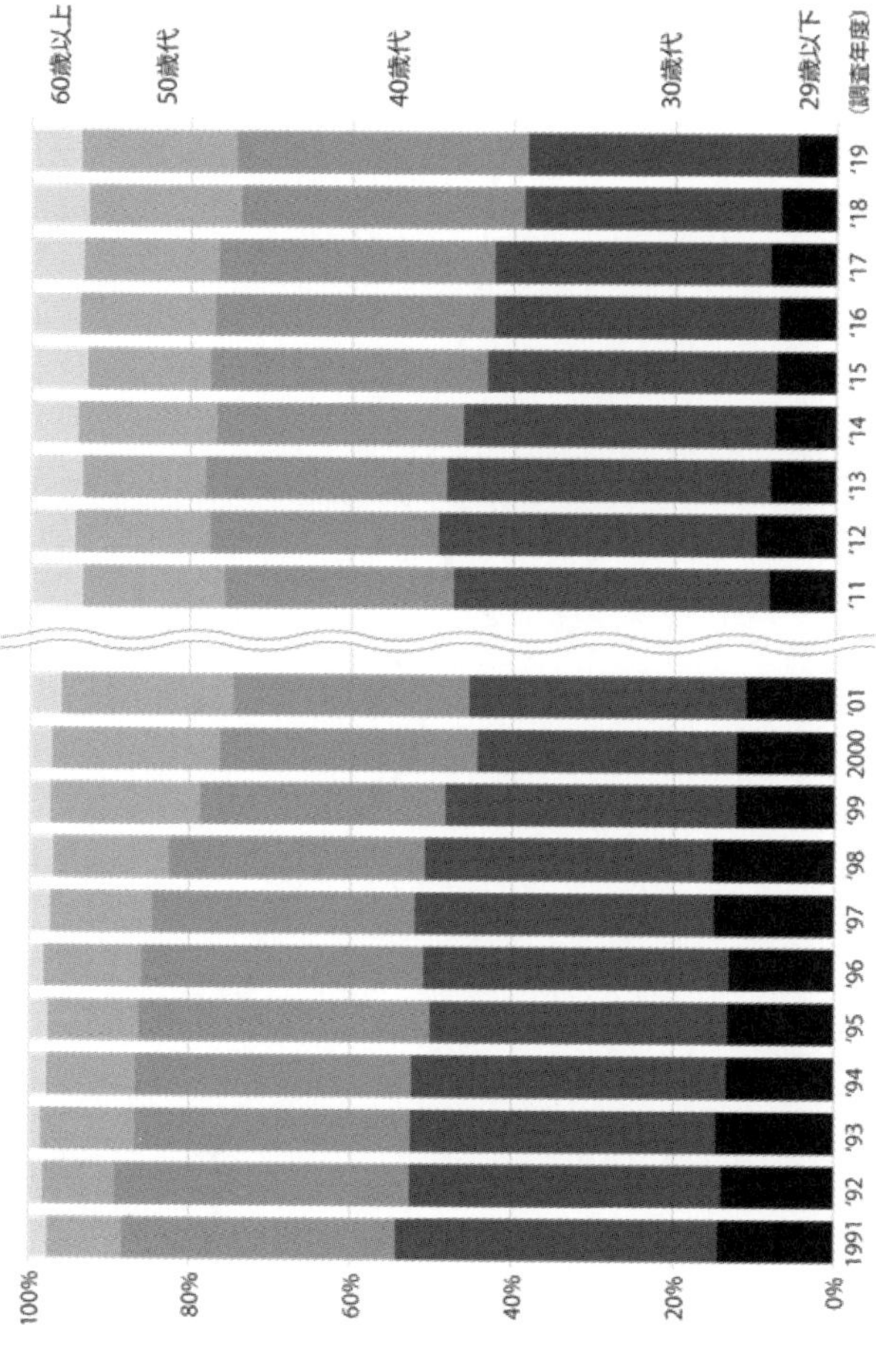

［出典］日本政策金融公庫

【図表 11　平均年齢の推移】

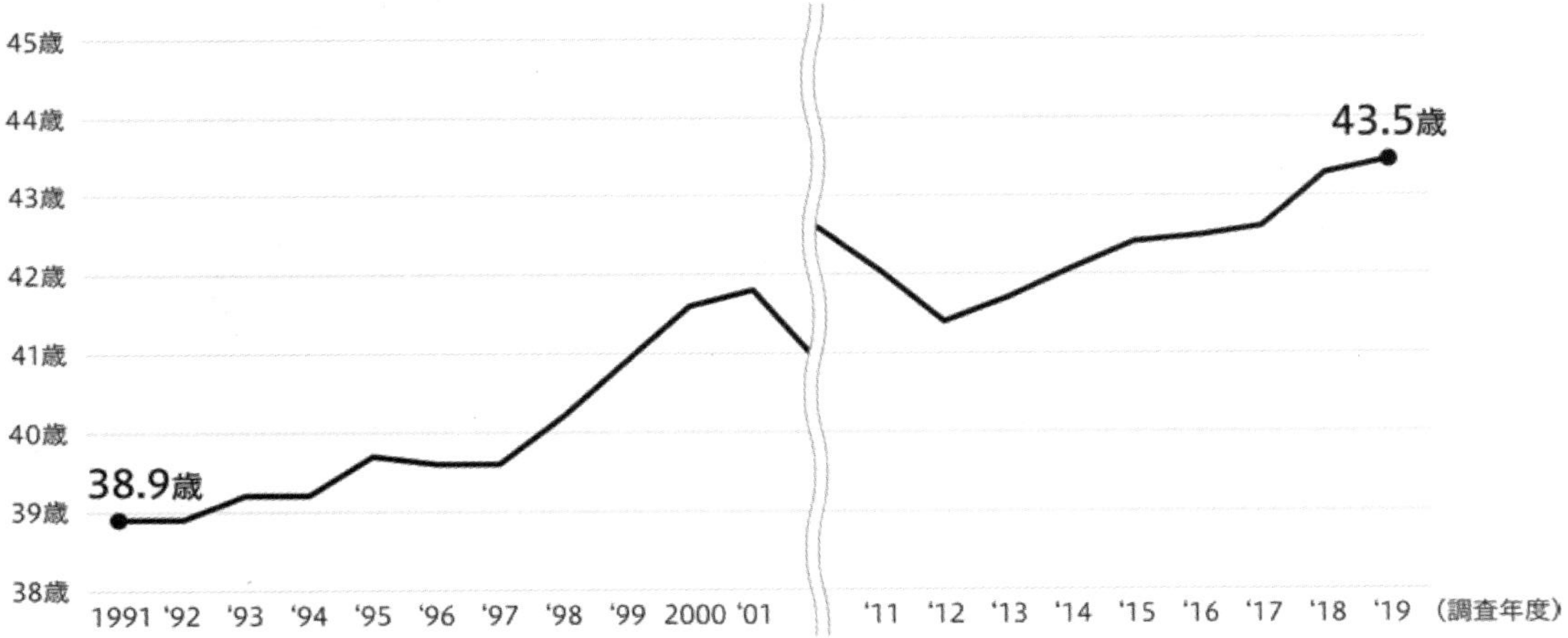

［出典］日本政策金融公庫

均年齢の推移こそ徐々に上がっているものの、30・40代で約7割というボリュームゾーンはほぼ変わっていません。

つまり30代で創業した社長であれば、現在では60代になっているため、先ほどの経営体制のパターンでいうと①の創業社長が「現役トップ」か②の創業者が会長として「院政」である場合が多く、40代で創業した社長であれば現在は70代となっているため、パターン③の二代目社長に「完全移行」が多いと思います。

もちろん、30代で創業した経営者がパターン③の「二代目社長へ完全移行」している会社もあるでしょうし、40代で創業した現70代の経営者がパターン①の「現役トップ」としていまだに活躍している会社もあるでしょう。

ただ、いずれにしても人間は永遠に生きることはできず、年齢による衰えにも勝てるものではありません。どこかのタイミングにおいて「創業30年の壁」を超えることができる「創業オーナーがいなくても回る会社」をつくることが必須となってきます。

後継者問題

創業30年の壁の１つに「後継者問題」があります。まず「そもそも後継者がいない」という問題を抱えている会社が多いというのは周知のとおりで、帝国データバンクの「後継者不在による倒産推移」調査では、２０２２年度は４８７件と過去最高の数値となりました（図表12上）。

【図表 12　後継者問題】

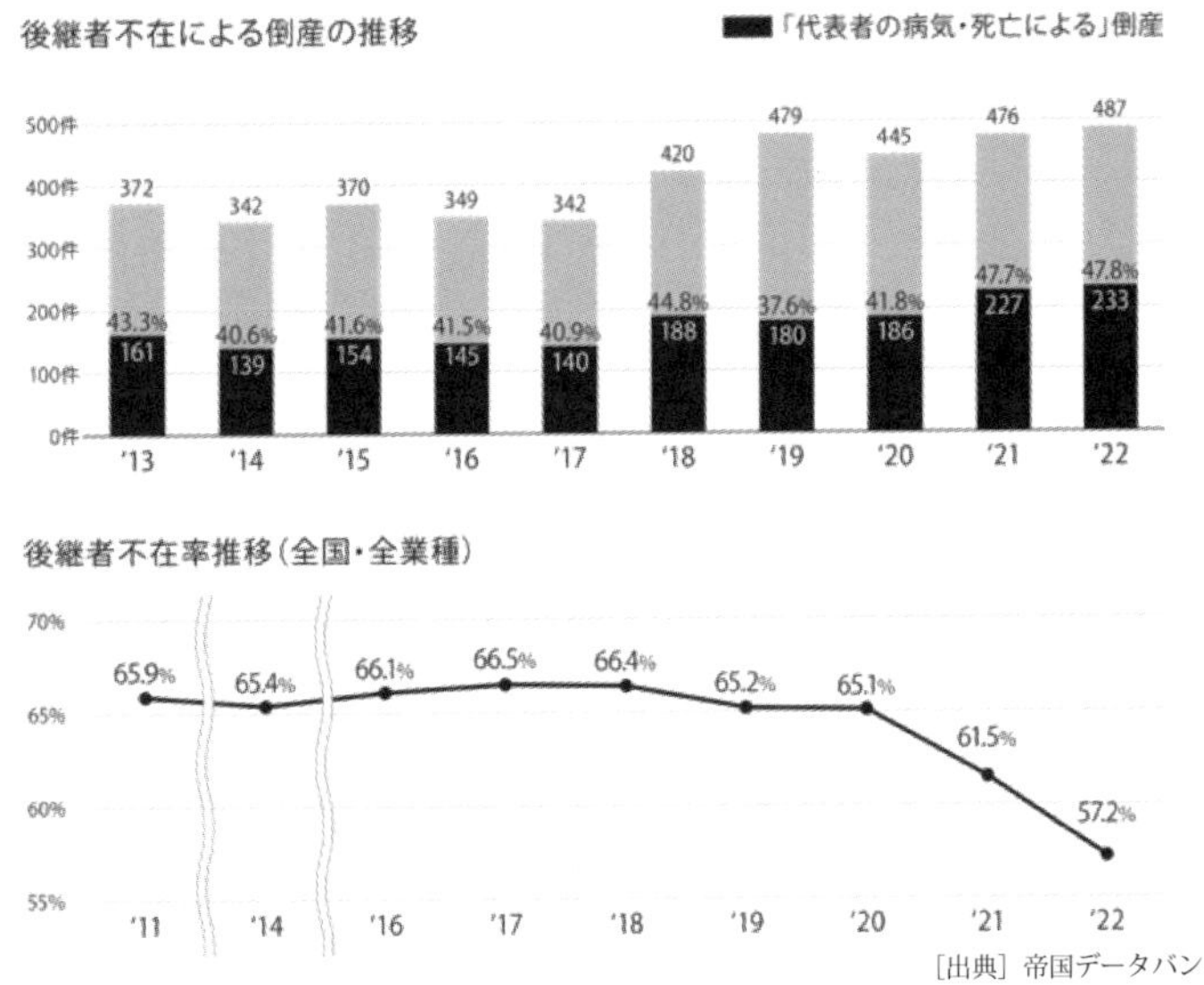

［出典］帝国データバンク

【図表 13　後継者就任経緯別推移】

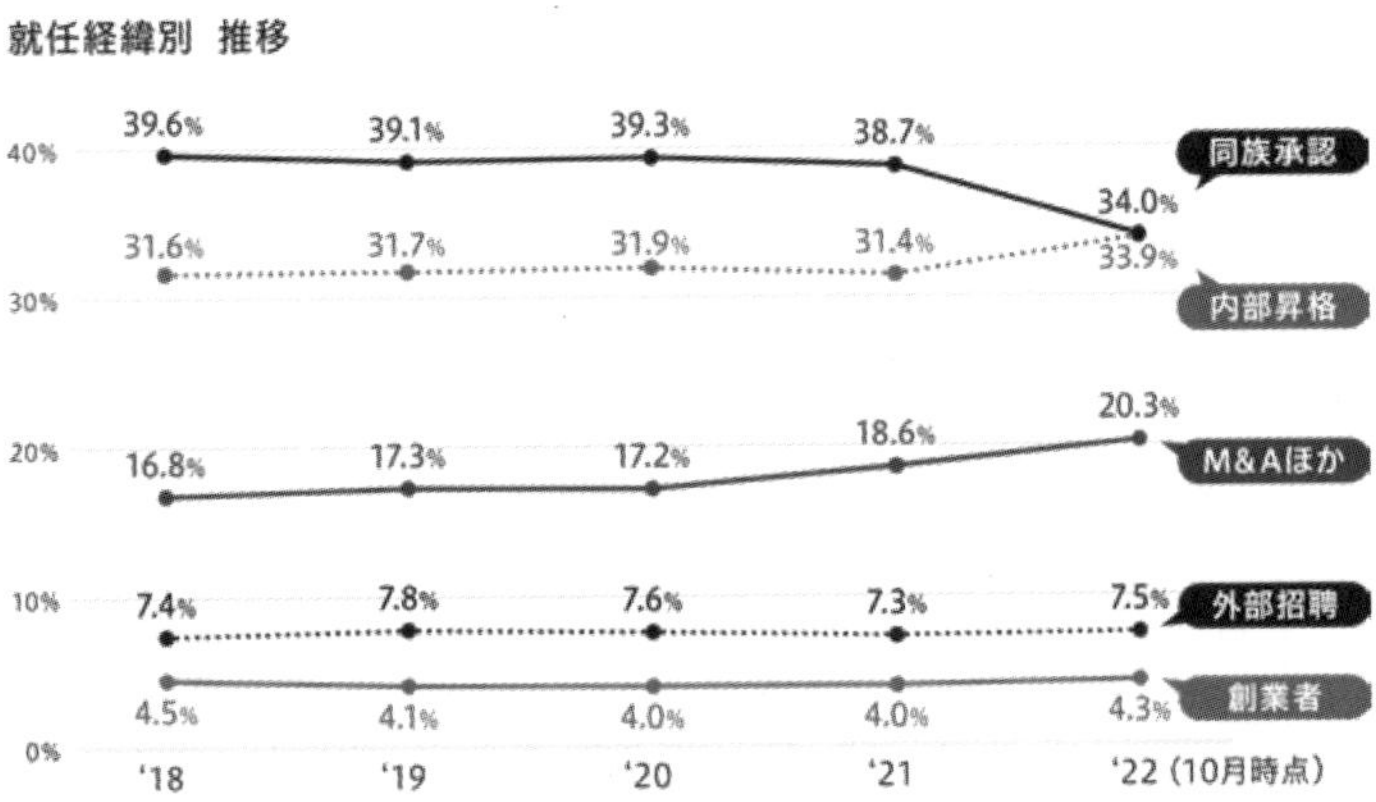

［出典］帝国データバンク

過去の推移を見ても、そのうち約半数が「代表者の病気・死亡による倒産」ということで、不測の事態に備える必要があることも同時に示しています。

また、全国・全業種約27万社を対象にした「後継者不在率推移」においては、２０２２年度が過去最低の57・２％となりましたが、それでも半数以上の企業が後継者不在である、という状況になっています（図表12下）。

その中でも事業承継を行った会社では、２０２２年度が「同族承継」と「内部昇格」がほぼ同じ割合（34％）になり、かつＭ＆Ａが20％を超えるなど「同族承継がスタンダード」というイメージから時代と共にトレンドが変化しています（図表13）。

これら全国平均のデータと比較する形で、日本Ｍ＆Ａセンターグループが創業30年超えの老舗中堅・中小企業１,０００社を対象にした「事業承継に関する意識調査」によると、「後継者候補がいるか」に対して「いる」の回答が約75％となっています（図表14上）。

この調査は２０１８年に行われたものなので、図表12の帝国データバンクの調査結果では、同２０１８年の後継者不在率が66・４％、つまり後継者候補が「いる」企業は約33％であるため、創業30年を超えている企業は全国平均の２倍以上の数値となっていることが見て取れます。

また、図表14下「後継者候補はだれか？」に対しては、「子供」「その他親族」という回答、つまり同族承継である回答が67％となっており、こちらも帝国データバンクの全国平均（図表13）と比較すると、同２０１８年では同族承継が39・６％となっており、創業30年を超えている企業のほう

【図表 14　創業 30 年超えの会社の後継者事情】

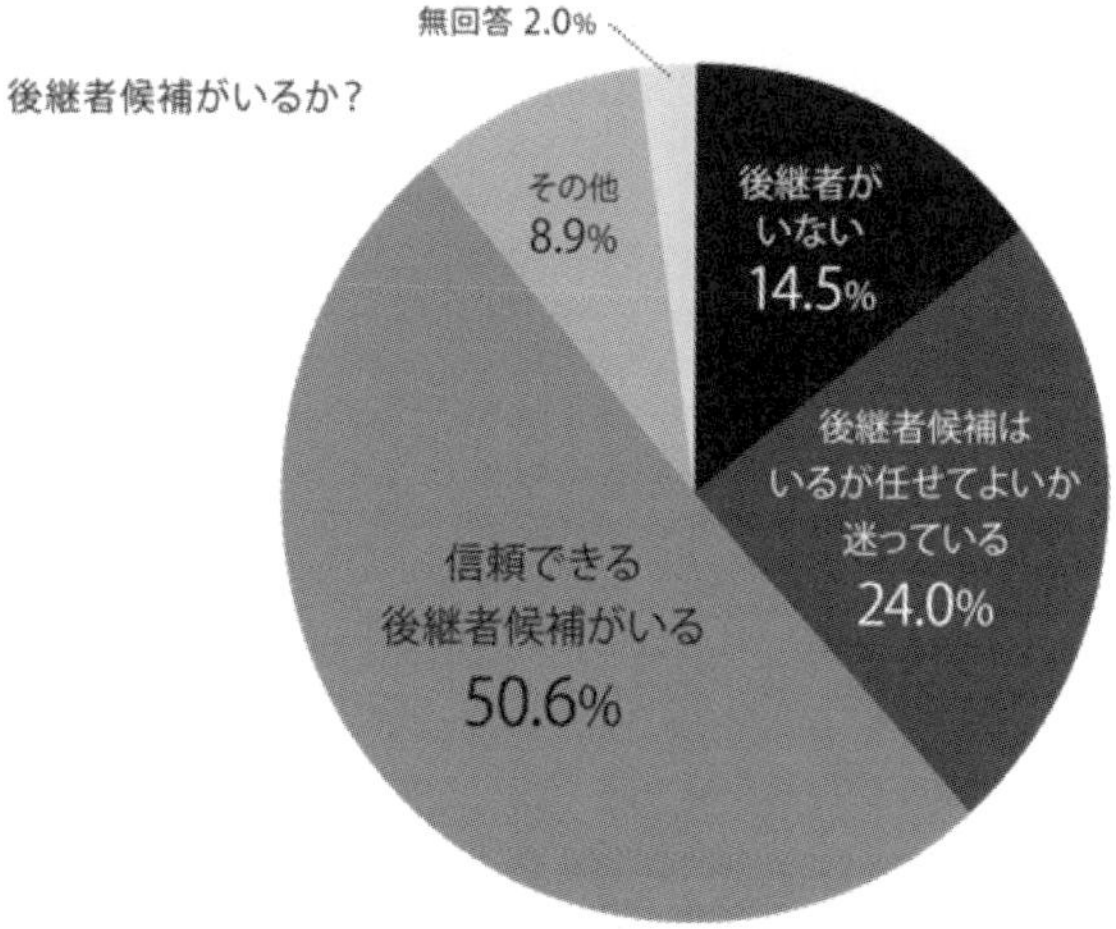

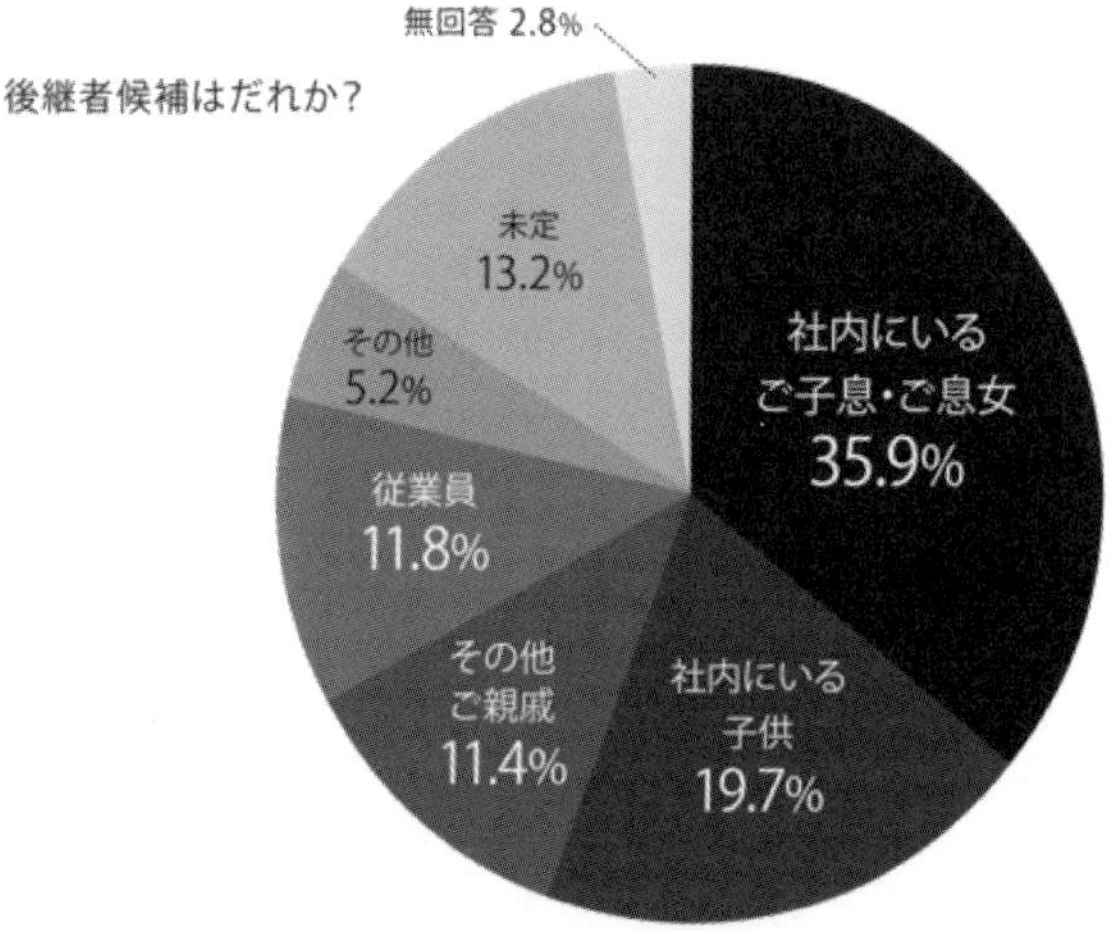

〔出典〕日本M＆Aセンターグループ

が同族承継の割合が全国平均の１・7倍高い、という結果になっています。

これらのデータから、創業30年を超える企業は、いいか悪いかは別として後継者が同族の割合が多いという傾向を含めて、後継者問題に対して対策を講じていることが、長く会社を続けられているーつのポイントなのではないかと思います。

カンパニー・ライフサイクル

マーケティングにおける有名な理論で、米国の経営学者であるジョエル・ディーンが１９５０年に提唱した、製品が市場に投入されてから、寿命を終え衰退するまでのサイクルを体系づけた「プロダクト・ライフサイクル」をご存知の方も多いでしょう。

製品の売上を時間の経過と共に「導入期」「成長期」「成熟期」「衰退期」の4つに分類し、その変遷を表したものです。

近年では成長期を「成長前期」と「成長後期」に分けたり、成熟期と衰退期の間に「飽和期」を、そして衰退期の後に「延命期」を加えるなどし、それぞれの期を細分化することによって施策やマネジメントをさらに具体的にするなど理論が進化しています。

このプロダクト・ライフサイクルは１つの製品のいわゆる「栄枯盛衰」を表したものですが、このライフサイクルの在り方は企業単体で見ても同じことがいえるのではないかと思い、当社ではプロダクト・ライフサイクルならぬ「カンパニー・ライフサイクル」と表現しています（図表15）。

【図表15　カンパニー・ライフサイクル】

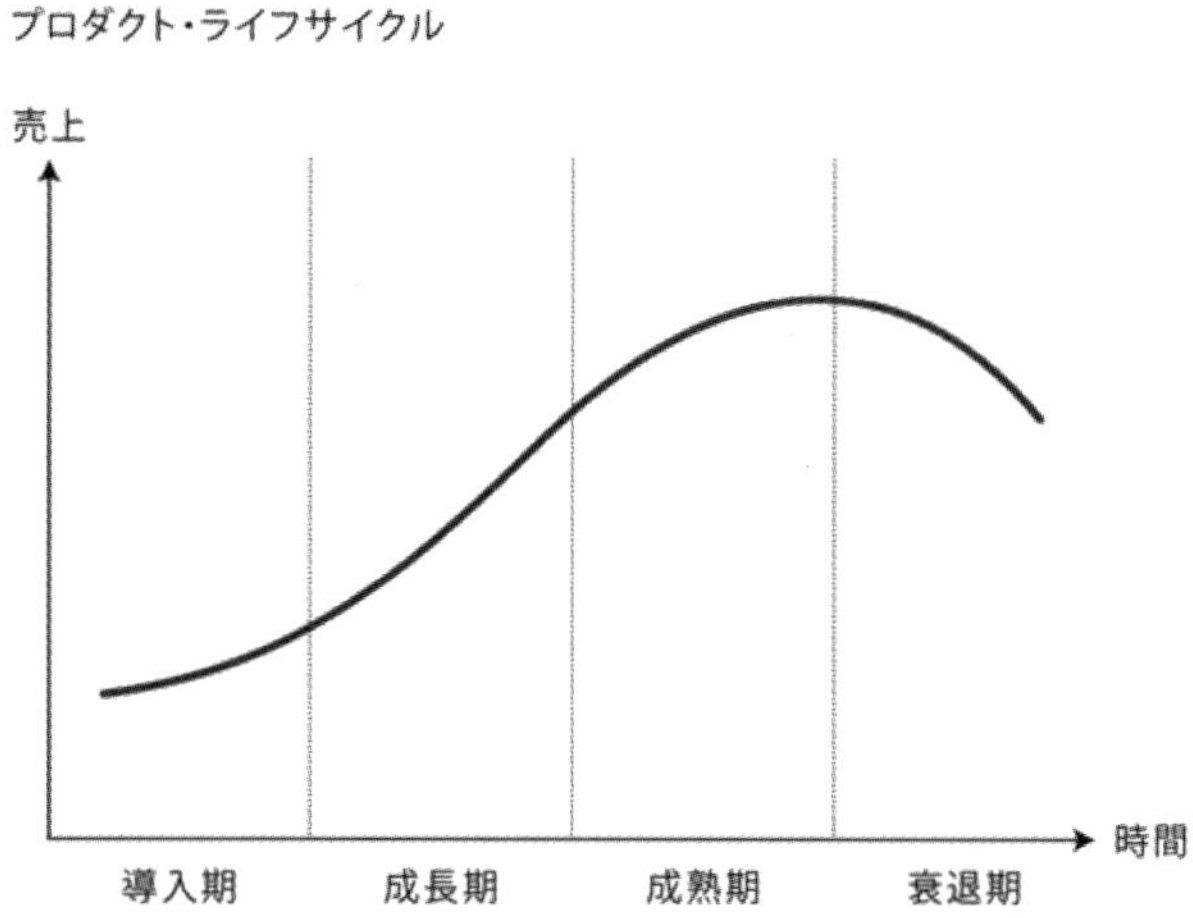

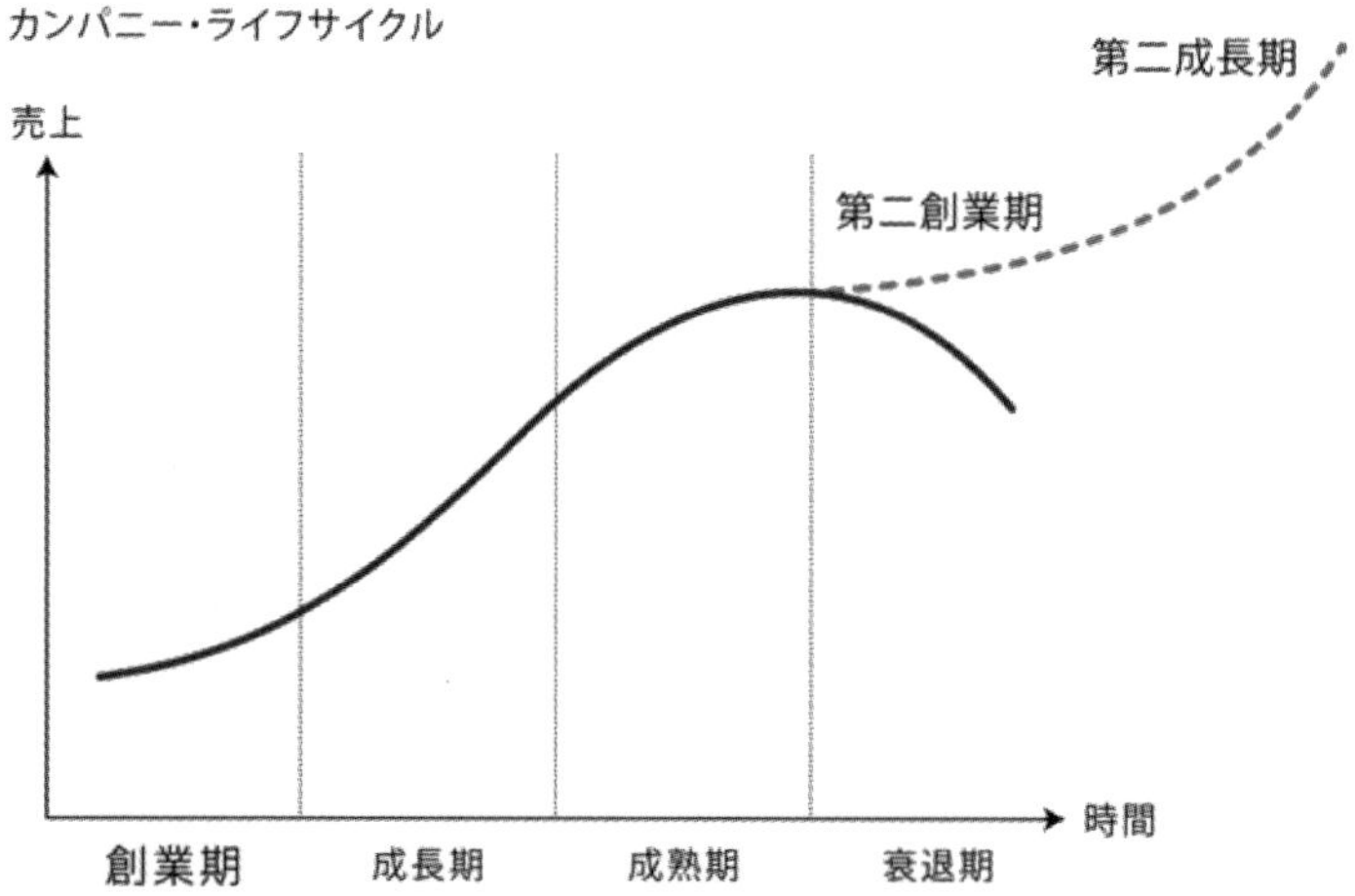

プロダクト・ライフサイクルの導入期を「創業期」に言葉を変えれば、ライフサイクルの推移はそれ以降「成長期」「成熟期」「衰退期」と、企業にも同じことがいえると思います。

特に中小企業の場合は、複数ではなく単一の事業を営んでいる会社が多いため、例えば単一の事業を1つの製品という形で捉えれば、このライフサイクルが企業と同等といっても違和感はないでしょう。

ただ、冒頭にお伝えしている「企業の寿命は30年」という「創業30年」を、創業期から衰退期までの1つのライフサイクルの周期として置き換えた場合、甘んじて衰退期へ向かうのではなく、「第二創業期」を生み出し、かつ「第二成長期」へと再びライフサイクルを生き返らせることができる可能性が「企業」にはあります。

つまり「創業30年の壁」を超えるためには、このカンパニー・ライフサイクルにおける「第二創業期」をつくり、そして「第二成長期」へと企業成長していく、という考え方が必要なのです。

創業オーナーの特徴

創業30年の壁を超えるための考え方の1つとして、従来の創業オーナー経営から第二創業期、第二成長期を生み出せるような「第二創業組織」へと組織を変革する必要があります。

すべての創業オーナーに該当するわけではありませんが、私がこれまで14年サポートしてきた多くの企業の中で、特に顕著に表れている創業オーナーの特徴をいくつか挙げていきます。

創業オーナーの特徴①／リーダーシップと情動で組織を牽引

創業オーナーの特徴の1つ目は、会社や組織をリーダーシップと情動で引っ張っていく傾向が強いことです。

創業オーナー自身の人間的な魅力もあわせて、創業当初の厳しい時代の「会社を大きくする」「なんとかして生き残る」という思いを言葉や行動にし、そのリーダーシップで社員を牽引していきます。

自身で製品・サービスを考え、開発し、営業、納品、アフターフォローまですべてを1人で完結させ、かつその質や量は社内でナンバーワンである、という「スーパーマン」状態です。

特に創業時の社員からは人望が厚く、信頼されており、1つの家族の「長」として会社と社員を守り続けています。

創業オーナーの特徴②／意思決定と行動が早い

創業オーナーの特徴の2つ目は、意思決定と行動が早いことです。オーナー経営であるため、他に株主など意思決定に関わる人もほとんどいないため、創業オーナー自身が「これをやる」「やったほうがいい」と思ったものに関してはすぐに意思決定をし、即行動へと移していきます。

そもそもそういった特性を持っている人が起業をする、ということはもちろん、特に創業当初は自社を成長させること、事業を軌道に乗せることに全神経を注いでいるため、意思決定を先延ばしにしたり、考えるだけで行動に移さない、などという選択肢は創業オーナーにはありません。

創業オーナーの特徴③／戦略に対する嗅覚が鋭い

創業オーナーの特徴の３つ目は、会社における様々な戦略に対して嗅覚が鋭いことです。自社がビジネスをしている市場への将来的な予測を立て、また外部環境の変化を機敏に感じ取り、それらに対しての対策を判断する力があります。

短期的、中期的、長期的、すべての目線で会社における戦略を常に考えており、変化やリスクを恐れず積極的に戦略を遂行しようとします。

外部環境における戦略の要素だけでなく、内部環境、つまり人や組織における人事戦略についても勘が鋭く、「あの社員にはあの役割を与えたほうがいい」「あの社員はすぐに役職者にしてマネジメントさせたほうがいい」「あの社員の様子が少し変だから今度飲みに誘うか」など、社員の機微を敏感に感じ取って、感覚的に人材と組織をマネジメントしています。

創業オーナーがいなくなったら回らない組織

これらの特徴で会社を引っ張ってきた創業オーナーですが、創業30年の壁を超えるにあたっては、その創業オーナーの勘や嗅覚、リーダーシップで成長してきた組織からモデルチェンジする必要があります。

なぜなら二代目社長の多くが創業オーナーと同じような勘や嗅覚、リーダーシップを持ち合わせていないからです。

「これまでの自社のよいところを残す」という意味では、これまで築き上げてきた組織風土や文化などはそのまま残すことも重要ですが、二代目社長が創業オーナーと丸っきり同じように「感覚」で組織を推進していくことは難しいのです。

当社ではこれまで多くの企業を見てきましたが、創業オーナーが次世代へバトンを渡そうとしている最中で悩んでいる企業、または創業オーナーから二代目社長に徐々に経営を引き継ぎながらも苦戦しており、いつまでも「会長」から卒業できない創業オーナーがいる企業は、「創業オーナーがいなくても回る組織」をつくれていません。

創業オーナーがつくりがちな組織とは

先述した「創業オーナーの特徴」をご覧いただければおわかりいただけると思いますが、自らのリーダーシップで組織を引っ張り、営業から納品まですべての工程において「トップ社員」であり、意思決定と行動が早く、事業や人事の戦略においても鋭い嗅覚で感覚的にマネジメントしている創業オーナーが「会社からいなくなったら」回らなくなるのは想像に難くありません。

私がこれまで多くの企業に携わってきた中で、創業オーナーが「つくりがちな組織」の特徴は大きく分けて2つあります。

1つ目は、創業オーナーは「自分ができていることを言語化」することや「仕組み化、マニュアル化」をはじめとした「組織化」をすることが苦手で、かつ手を打っていない方が非常に多いのです。いい意味では緊急時に応用が利く、素早い判断と行動ができる組織なのですが、様々なものが整備、仕組み化されていないため、仕事が「人」についてしまっている、いわゆる「属人化」組織になりがちです。

2つ目は、創業オーナーが現場で活躍しており、かつ自身が営業からサービスまで社内でトップの位置にいるため、社員に仕事を任せることがなかなかできず、それゆえ社員が思ったように育たず、結果的に創業オーナー自身が現場から離れることができない、という悪循環に陥っていることです（図表16）。

この状態だと、創業オーナー自身が疲弊してしまうことや、現場仕事が忙しくて本来の経営者としての仕事である「緊急ではないが重要なこと」への時間がつくれていないこと、また自身の代わりに社員をマネジメントできるマネージャーが育たないため、組織としてのマネジメント力が上がらず、創業オーナー個人の力に依存してしまう組織になりがちです。

これら2つの特徴が、創業オーナーが会社からいなくなってしまったら困る組織をつくっていることになります。

つまり、創業オーナー自身がそのような会社にしてしまっているのです。創業オーナーがいなくても回る会社になるためには、「個人事業主の集合体」組織から卒業しなければいけません。

【図表16　社長が現場から離れられない負のサイクル】

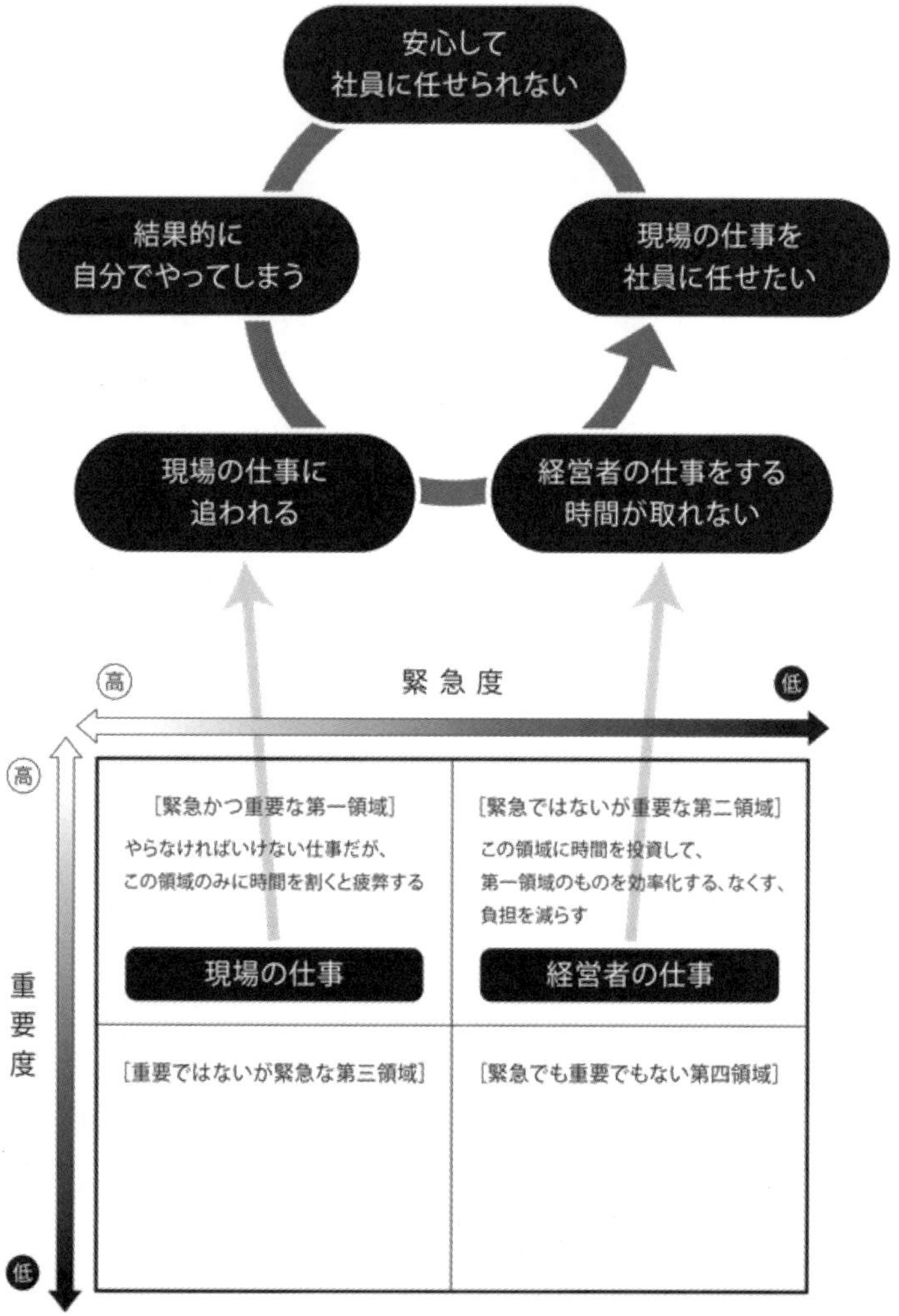

7つの習慣「時間管理のマトリクス」を参考に当社で作成

つまり、創業30年の壁を超えるためには、創業オーナーがいなくても回る組織、「第二創業組織」をつくることが求められるのです。

創業オーナーがいなくても回る「第二創業組織」をつくる

では、創業30年の壁を超えるための、創業オーナーがいなくても回る組織、「第二創業組織」とはどのような組織かというと、「創業オーナー個人の感覚型マネジメント」から「組織的仕組み型マネジメント」へモデルチェンジするということです。

創業オーナーのリーダーシップで組織を引っ張る、という形から、ミドルマネジメントを中心としたマネジメントで組織を回し、推進していくという形です。そのマネジメントが組織的に仕組み化されていることで、「トップが不在でも、現場に介入せずとも、マネージャーが入れ替わってもマネジメントが機能する」という状態をつくり出していきます（図表17）。

創業オーナーの感覚でできていたマネジメントの在り方は再現性がなく、創業オーナーがいなくなった瞬間に組織が衰退していきます。組織の衰退は、カンパニー・ライフサイクルの衰退期へと直結していきます。

そうではなく、ミドルマネジメントを中心とした仕組み化されたマネジメントで組織を回し、創業オーナーがいなくても回る会社、組織にしていくことこそが、組織・マネジメントをモデルチェンジし「第二創業組織」をつくっていく、ということなのです。

【図表 17　属人化組織からの脱却】

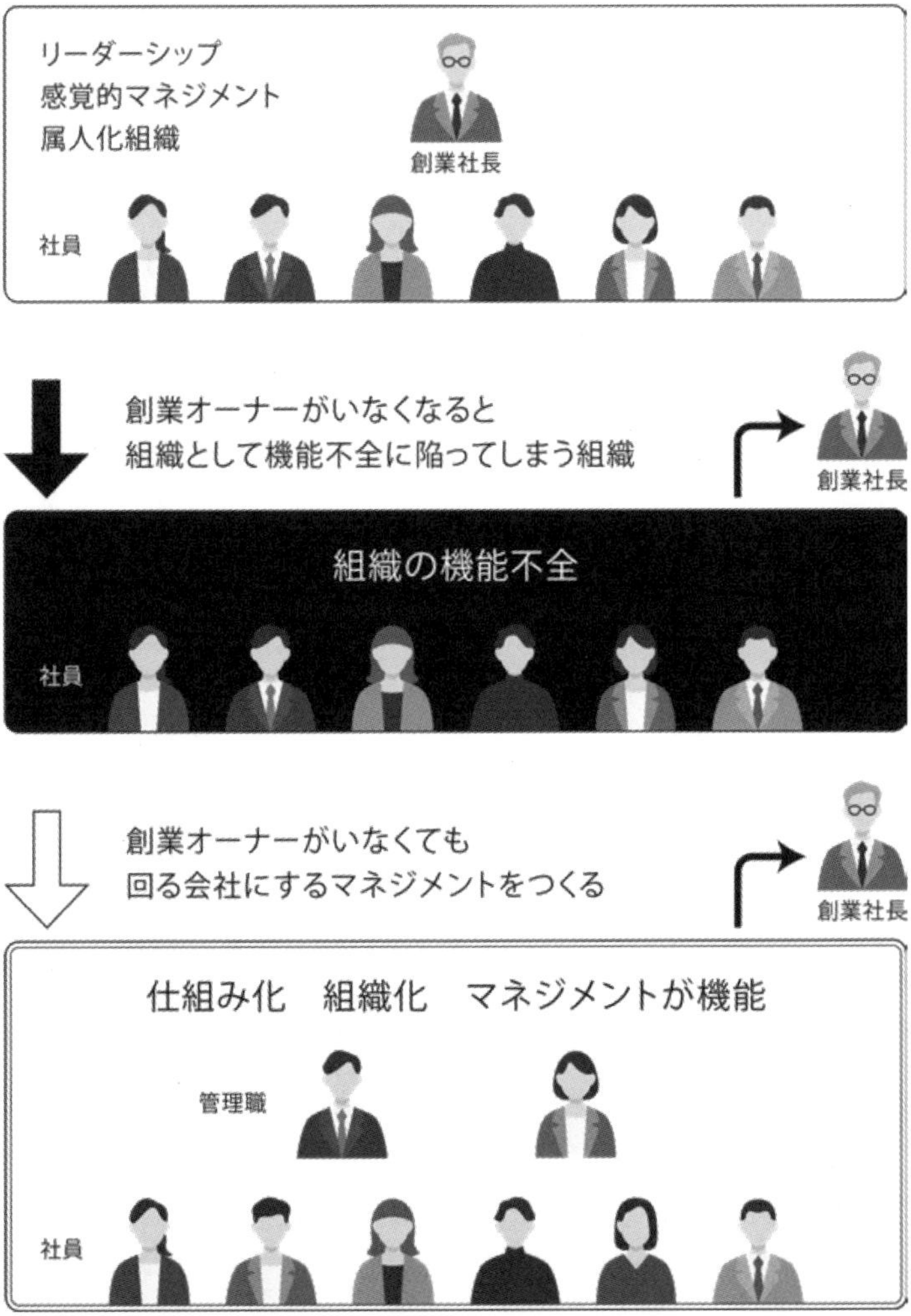

第2章
Chapter 2

要諦1
自社の5W1Hを決める

会社における5W1Hとは

創業オーナーがいなくても回る会社にする1つ目の要諦は、自社における「5W1H」を決めることです。

通常、5W1Hはビジネスにおいて、報告・連絡・相談やプレゼンテーションをする際に、状況と物事を明確かつ具体的に過不足なく相手に伝えられるフレームワークとして、

「When（いつ）」
「Where（どこで）」
「Who（だれが）」
「What（なにを）」
「Why（なぜ）」
「How（どのように）」

を網羅しましょう、といわれるものですが、ここでいう「会社における5W1H」は、英単語こそ同じですが、ビジネススキルとして使われる目線とは異なり、かつ「決める順番」があるもので、創業30年の壁を越えるうえで重要な役割を果たします。

創業オーナーがいなくても回る会社をつくっていくにあたって、以後すべての土台となる「5W1H」の1つひとつの意味合いと順番についてお伝えしていきます。

まず決めるべきは「Who」

自社における5Ｗ1Ｈで、最初に決めるべきものは「Who（だれが）」です。

「Who」においては「だれが」という表現になっていますが、ここでの「Who」は「だれと」という意味合いで考えていきます。

この「Who」では「だれと一緒に創業30年の壁を超え、会社を共にしていくか」を決めていきます。創業オーナーがいなくても回る会社、第二創業組織は、創業オーナーや二代目社長が孤軍奮闘しても、そう簡単につくれるものではありません。

一緒に第二創業組織をつくっていきたいと思えるメンバーを選び、そのメンバーと共にある意味での「プロジェクト化」にして進めていくことで、創業オーナーがいなくても回る会社をつくり上げる「質」と「スピード」が格段に上がります。

後述しますが、第二創業組織をつくるプロセスに携わることで、参画するメンバーの成長にも繋がっていきます。

「ビジョナリーカンパニー」という言葉を聞いたことがある経営者も多いと思います。目先の利益を追求するのではなく、長期的な成功を目標に掲げ、明確な理念を持ち、柔軟に変化をし続けて長期に渡り成長・繁栄を続け、存在感や社会的影響を持ち続ける企業、という定義で、その書籍においてもベストセラーであり、かつロングセラーになっています。

その中でも、『ビジョナリーカンパニー2　飛躍の法則（ジェームズ・C．コリンズ著　山岡洋一訳　日経BP社）』にある「誰をバスに乗せるか」から引用すると、

====

『偉大な企業への飛躍をもたらした経営者は、はじめにバスの目的地を決め、次に目的地までの旅を共にする人々をバスに乗せる方法をとったわけではない。まずはじめに、適切な人をバスに乗せ、不適切な人をバスから降ろし、その後にどこに向かうべきかを決めている。要するに、こう言ったのである。「このバスでどこに行くべきかは分からない。しかし分かっていることもある。適切な人がバスに乗り、適切な人がそれぞれふさわしい席につき、不適切な人がバスから降りれば、素晴らしい場所に行く方法を決められるはずだ」』

====

という表現にもあるように、第二創業組織をつくるにあたって、様々な取り組みをするにも、まずは「だれと」共にするかを決めることをスタートにすることが必要なのです。

「だれと」を決める軸に「Why」

共に創業オーナーがいなくても回る会社をつくっていくメンバーをだれにするか、を決めるにあたっては、例えばメンバーの「社歴」「経験」「能力」「性格」など様々な観点があると思いますが、軸にしていただきたいのが「Why（なぜ）」です。

ここにおける「Why」は自社の「理念」です。理念は自社の「存在意義」「価値観」を表しているものですので、その理念に対して強く共感している、理念に沿った行動ができている社員をメンバー選定の軸にすることが重要です。

もちろん経験や能力も大事かもしれませんが、創業30年の壁を超え、50年、１００年と、長く会社を継続させていくにあたっては、同じ価値観を持ち、そしてその価値観を社員に浸透させることができるメンバーが必要なのです。いくら経験や能力がある社員でも「理念」への共感が薄ければ、徐々に会社が向かうべき方向性や見るべき視点にズレが生じ、いつか袂を分かつ時が必ずきます。

まして創業オーナーがいなくても回る会社をつくるにおいては、「人」に人がつくのではなく「会社」に人がつく、という在り方にしなければいけないため、会社のアイデンティティである理念を社員に浸透させることは必須です。

そのようなことから、第二創業組織をつくるメンバー選定、「だれと」を選ぶ際は「Why」を軸にしていくべきなのです。

「だれと」「なぜ」をつくる

自社の理念に対して強く共感をしている、また理念に沿った行動ができている社員をメンバーに選定するとお伝えしましたが、会社によっては選定したそのメンバー達と理念を見直す、または理念がそもそもない会社はメンバーと共に理念をつくる、というところからスタートをする必要があります。

理念の有無に関しては様々なところがデータを出していますが、東京都産業労働局の「都内創業50年目以上の企業に関する実態調査」では、対象カテゴリーで若干の数字の差はあるものの、「経営理念等がある」と回答した企業は、全体で53・4％となっており、また、株式会社リスキーブランドが従業員数10名以上の日本企業に正社員として勤める19歳から64歳までの全国のビジネスマン2，084名を対象にした調査で「あなたの会社に企業理念はありますか？」の問いに対して、「ある」というカテゴリーの回答は約7割と、いずれの調査においても半数以上の企業は「理念がある」となっています（図表18－1・図表18－2）。

このように過半数を超える企業が理念は「ある」という形になっていますが、中には理念がない会社もあります。

先述したように、理念は自社における「価値観」「存在意義」ですので、なくても企業経営はできますし、売上や利益を上げていくことも可能だと思います。しかし、創業オーナーがいなくとも回る会社にしていくには、「人に人がつく」組織から「会社に人がつく」組織にしていく必要があるため、そのような組織にしていくにあたって、会社に理念があることは前提条件ともいえるでしょう。

つまり、理念のない会社は、メンバーと共に「理念をつくる」ことがスタートになります。

【図表18－１　理念の有無】

創業家有無別経営理念等の有無

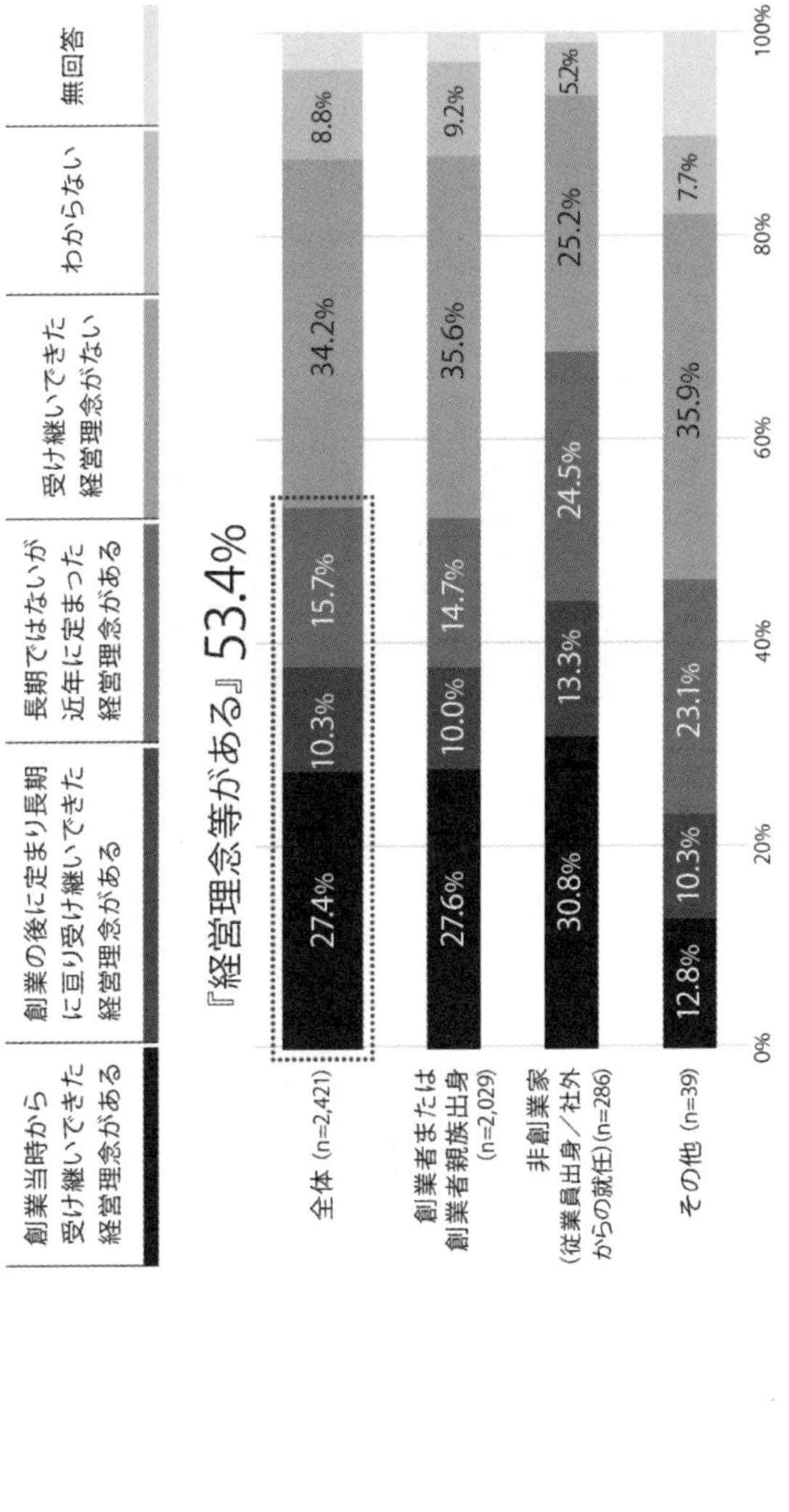

［出典］東京都産業労働局「政策調査」

【図表18－2　理念の有無】

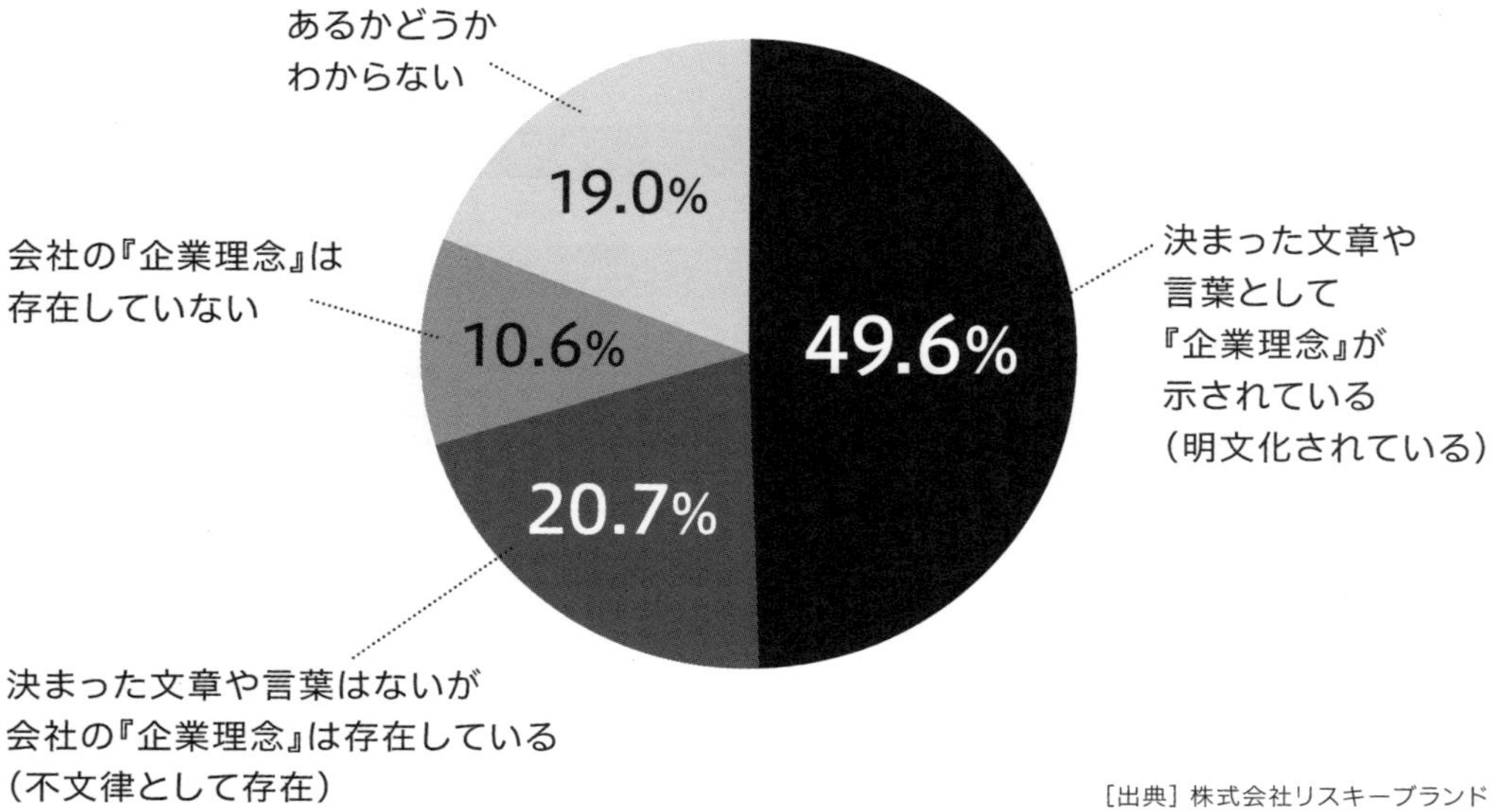

［出典］株式会社リスキーブランド

理念をつくる軸

もし現在、自社に理念がなく、これからメンバーと共に理念をつくっていく場合、最初に「理念の軸」というものを参考にしていただきたいと思います。

様々な企業が自社の理念を掲げていますが、当社ではそれらの理念を調査した結果、理念の軸、もっとわかりやすくいうと、理念の表現の種類は大きく４つに分かれるのではないか、と定義しています。

その理念の軸とは「社会軸」「価値観軸」「顧客軸」「従業員軸」の４つです（図表19）。

まず１つ目の社会軸は「社会や世の中に向けて○○のような形で貢献したい」という種類の理念です。図表19にもあるようにセブンイレブンの理念の表現のようなものを、当社としては社会軸に該当させています。

２つ目の価値観軸は、「ウチの会社が一番大事にしているのは○○だ」という種類の理念です。もちろん理念自体が価値観でもあるので、多くの理念は価値観が含まれているものですが、その中でも「当社の価値観は○○」と、永谷園の「味ひとすじ」にもあるように、表現に強く端的なメッセージが込められているものを価値観軸としています。

３つ目の顧客軸はそのまま、顧客に対する思いを表現したものです。図表19にあるAmazonの理念はわかりやすく顧客が第一であることに振り切っている表現です。

【図表19　理念の軸】

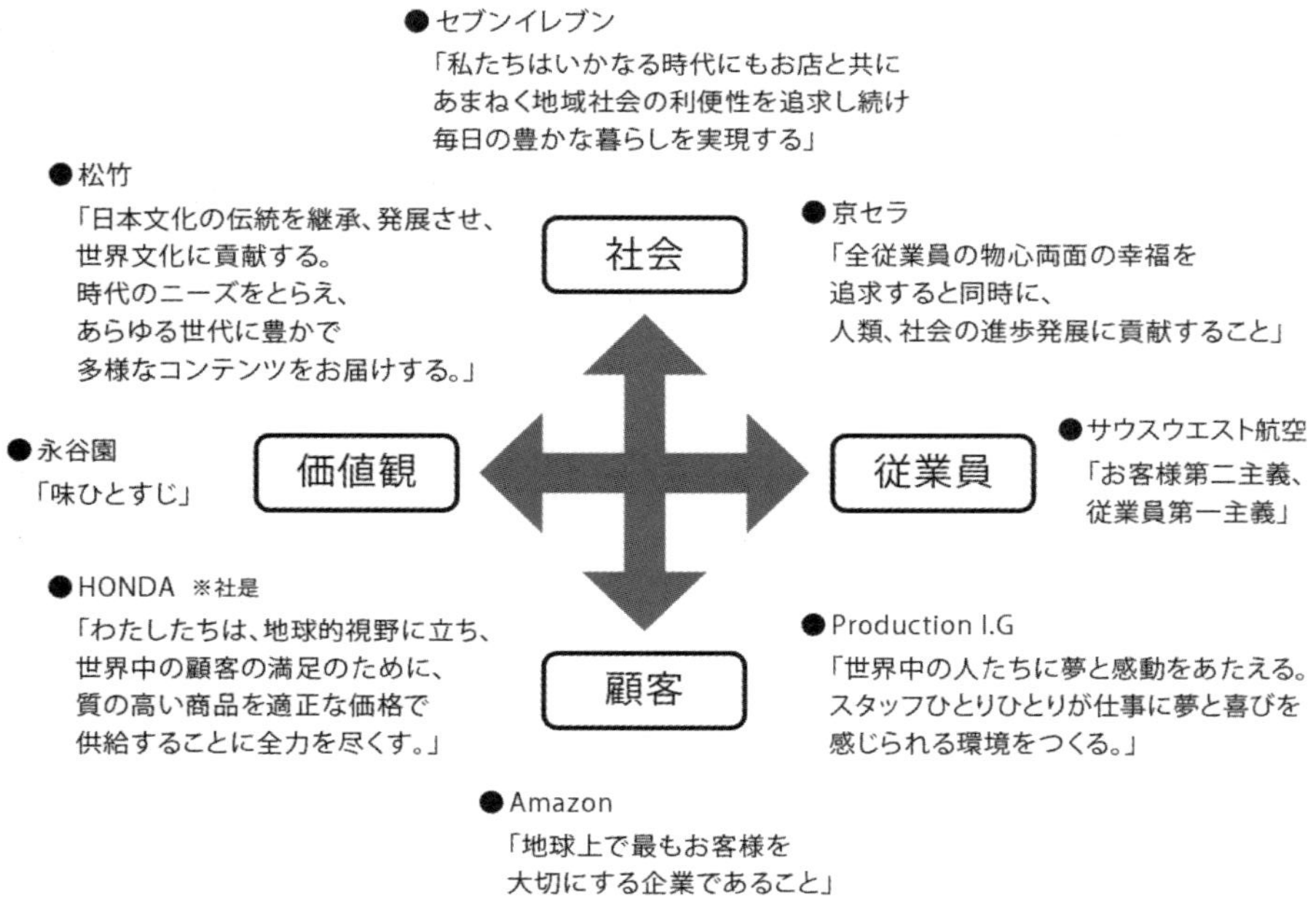
●セブンイレブン
「私たちはいかなる時代にもお店と共に
あまねく地域社会の利便性を追求し続け
毎日の豊かな暮らしを実現する」
●松竹
「日本文化の伝統を継承、発展させ、
世界文化に貢献する。
時代のニーズをとらえ、
あらゆる世代に豊かで
多様なコンテンツをお届けする。」
社会
●京セラ
「全従業員の物心両面の幸福を
追求すると同時に、
人類、社会の進歩発展に貢献すること」
●永谷園
「味ひとすじ」
価値観
従業員
●サウスウエスト航空
「お客様第二主義、
従業員第一主義」
●HONDA　※社是
「わたしたちは、地球的視野に立ち、
世界中の顧客の満足のために、
質の高い商品を適正な価格で
供給することに全力を尽くす。」
顧客
●Production I.G
「世界中の人たちに夢と感動をあたえる。
スタッフひとりひとりが仕事に夢と喜びを
感じられる環境をつくる。」
●Amazon
「地球上で最もお客様を
大切にする企業であること」

４つ目の従業員軸もそのまま、従業員に対する思いを表現したもので、ユニークなことでも知られるサウスウエスト航空の理念、「お客様第二主義、従業員第一主義」は、自社の従業員が一番大事であるということを堂々と謳っている理念です。

これら４つの軸でいずれか１つの軸で表現している企業もあれば、２軸にわたって表現している企業もあります。

図表19にもあるように、松竹の理念は社会軸と価値観軸の２軸で表現しており、有名な京セラは社会軸と従業員軸で表現しています。

また、価値観軸と顧客軸にＨＯＮＤＡの社是を載せていますが、永谷園の「味ひとすじ」にもそのニュアンスが含まれているように、価値観軸と顧客軸の間は「商品軸」という捉え方もできるかもしれません。

「このような商品づくりをする」「このような商品を顧客に届ける」といった意味合いで、自社が大事にすることを最もわかりやすい「自社の商品」という軸で表現しているといえるでしょう。

また図表20にあるように、理念の表現は企業規模によっても傾向が出ています。パーソル総合研究所の調査では、10人未満、１００人未満の企業の理念の内容の1位が「顧客への貢献」であるのに対し、それ以上の規模である１００人以上、２，０００人以上の企業においては、「企業の社会的責任」や「法令順守」などが高い割合となっています。

当然「企業規模」と「企業が影響を与えられる範囲」はほぼ比例しているので、小さい規模であ

【図表20　企業理念の内容（企業規模別）】

	顧客への貢献	企業の社会的責任	正直さ・誠実さ・法令遵守	事業の成長・発展	従業員の尊重や健康・幸せ	社会の人々の健康・幸せ	地域への貢献	革新やイノベーション	地球環境への配慮	グローバル化（国際化）	文化の継承・発展	株主への貢献	その他
10人未満 (n=41)	51.2%	36.6%	29.3%	26.8%	34.1%	31.7%	34.1%	17.1%	17.1%	51.2%	22.0%	12.2%	0.0%
10〜100人未満 (n=237)	41.4%	27.4%	35.4%	27.0%	29.5%	24.9%	21.5%	13.5%	16.9%	10.1%	9.3%	8.0%	2.4%
100〜2000人未満 (n=689)	40.1%	43.1%	40.8%	36.9%	32.4%	27.0%	25.5%	23.9%	23.8%	17.6%	18.9%	14.4%	4.1%
2000人以上 (n=533)	49.5%	52.2%	50.8%	43.7%	39.0%	32.3%	34.5%	36.8%	34.5%	29.6%	18.9%	22.9%	3.4%

［出典］パーソル総合研究所

れば、まずは目の前の顧客にフォーカスせざるを得ないでしょうし、大きい規模になれば株式公開をしている会社も多く、先述した上位の内容が重視されることから、それらの傾向が出るものだと思いますが、いずれにしても自社の理念を考えるにあたってこれらの軸を参考にしてみてはいかがでしょうか。

【補足】当社の理念の考え方

先ほど理念の軸という形で、理念をつくるにあたっての参考をお伝えしましたが、さらにシンプルに考えるという意味では「外向けの理念」と「内向きの理念」の２つを分けて考えることをおススメします。

私が顧客に理念構築のファシリテーションをする際、よく起こりがちなことが「まずはどの軸をウチの会社の軸にするのか」で議論が白熱することです。

理念を複数人で考えるということは「価値観を言い合う」ことなので、Ａさんは「ウチが大事なのは顧客だろう」に対して、Ｂさんは「いや、まずは価値観ではないか」というように、この軸を揃えるプロセスでよい意味での議論がなされていきます。

しかし結局のところ「どれも大事」に帰結するため、１つの軸に定まらない場合は、当社でもそのようにしている理念を「外向けの理念」と「内向きの理念」の２つに分けてつくっていきます。

外向けの理念とは、先ほどの軸でいうところの「社会軸」や「顧客軸」の意味合いが強く、内向きの理念は「価値観軸」や「従業員軸」の目線です。

当社では外向けの理念を「ミッション」、内向きの理念を「スピリット」とし、両建てにしています。

ちなみに当社の理念は、

【ミッション】関わるすべての顧客の壁超えに貢献する。

【スピリット】より多くの顧客と価値の創造により、自らの市場価値を上げる。


の2つで表現しています。

ミッションは「顧客軸」で、スピリットは「価値観軸」としており、当社は企業成長の壁に阻まれている会社を専門にサポートしているので、ミッション、つまり「使命」としてこれを掲げています。

スピリットに関しては、従業員向けのメッセージでもありますが、当社に入社した社員には独立するか、キャリアアップするか、自分の望むキャリアを歩んでいただきたいので、そのためには「顧客を獲得できる力」と「顧客に価値を提供できる力」の2つの力が必要であるとの私の考え方からこのような表現にしています。

このようにミッションとスピリットという形で2つのメッセージで表現すると、わかりやすく、かつ大事なものを網羅できると思いますので、ぜひご参考になればと思いご紹介させていただきました。

理念をつくる視点

実際に理念をつくる際の視点についてお伝えしたいと思います。例えば先述した「ミッション」という意味合いで理念をつくる場合、メンバーとぜひ考えていきたいお題が「ウチの会社の使命はなにか？」という問いです。

推奨するやり方としては、この問いに対してメンバー1人ひとりが付箋に単語やキーワードを書き出してシェアをするのです。文章でもいいのですが、あえて単語やキーワードという形で短いセンテンスにすることによって、様々な種類の言語が出てきます。

それらメンバーの出したものをベースに単語を組み合わせたり、文章に表現をすることでメンバー全員が意識統一された理念ができ上がっていきます。

この問いに加えて、先ほどのデータでもご覧いただいたように、特に中小企業においては「顧客軸」になる場合が多く、「ウチの会社の使命はなにか？」の問いに対しても、多くは顧客軸の回答が出てくるでしょう。

そこでもう1つ考えていただきたいお題が「ウチの会社は顧客に何を提供している会社なのか？」です。これはいわゆる「顧客価値」を改めて考えてもらう問いです。

例えば保険会社の社員がこの問いに対して「保険」という回答をするかもしれません。それはそれで「提供しているもの」なので正解ではあるのですが、改めて考えていただきたいのでは「顧客が手に入れたいもの」なのです。

顧客は保険を手に入れたいわけではなく、例としては「将来の不安の除去」や「家族の安心」を手に入れるために保険を買っているでしょう。保険はあくまで「商品」であり「手段」ですので、そうではなく「価値」や「目的」という視点でアウトプットすることが重要です。

そしてその顧客価値の表現こそが、その会社の「ウチの会社の使命はなにか？」の答えになる場合が多く、結果として自社の外向けの理念になっていきます。

理念をつくる視点として、このような形で「問い」「メンバーで案出し」「ディスカッション」というプロセスを踏んでつくると、第二創業組織へ向けた強固な理念ができ上がります。

「だれと」「なぜ」を見直す

一方、理念がある会社においても、第二創業組織をつくっていくメンバーと現在の理念を共有し直す、見直すというところからスタートするのが望ましいです。

理念に共感している、行動が伴っているメンバーを選定はしますが、そのメンバーの中でも理念の細かい部分において解釈が異なっていることも珍しくなく、ひいてはそのメンバー1人ひとりの解釈の「ズレ」が、会社、社員全体の理念の「浸透」度合いに影響を与えてしまいます。

理念を浸透させていく役割も担っているメンバーがそのような状態では、第二創業組織をつくるにあたって1つの阻害要因となってしまうため、スタートの段階で改めてメンバー1人ひとりの理念への思いや解釈を共有していき、そこにズレが生じている場合は、解釈を統一するなどの「チューニング」をする必要があります。

またマクロで見れば、現在どれくらい自社の理念が社員全体に浸透しているか、にフォーカスを当て、浸透度合いが低いようであれば、もしかすると今ある理念自体が企業風土に「合っていない」可能性もあるため、「理念を見直す」ということも考えるべきかもしれません。

先述した株式会社リスキーブランドの「企業理念の有無」の調査（図表18-2）の続きで、「理念の浸透度」に関しては、「浸透している」という回答が26・7％という結果になっていたり、またＨＲ総合調査研究所の調査においても「理念は浸透しているか？」の問いに対して「そう思う」カテゴリーの回答は42・0％と、浸透している企業のほうが少ないというデータもあります（図表21）。理念はお飾りではなく、浸透しないと意味がありません。もし自社においても浸透度合いが低いと感じるようであれば、選定メンバー間での解釈の共有や理念自体の見直しをスタートにすることを推奨します。

同図表でもあるように、東京商工リサーチの調査によると「経営理念・ビジョンを策定した動機・きっかけ」では、最多の回答が「事業の承継・経営者の交代」の37・8％であり、その次が「会社創業」の32・5％となっています。

つまり本書でも触れているように、創業オーナーが二代目社長へ引き継ぐ前後のタイミングか、

【図表21　理念の浸透度合い】

あなたの会社の『企業理念』は・・・

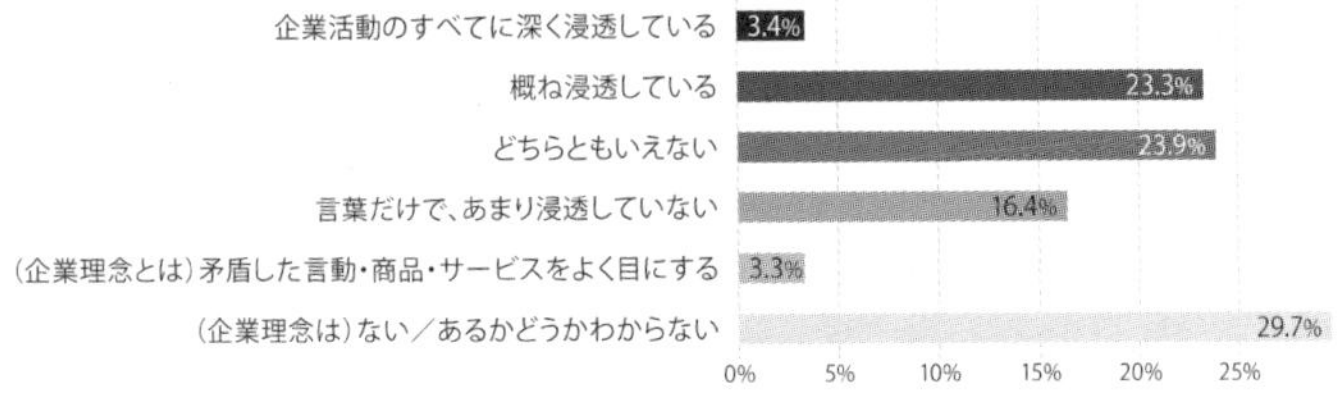

［出典］株式会社リスキーブランド

理念は浸透しているか？

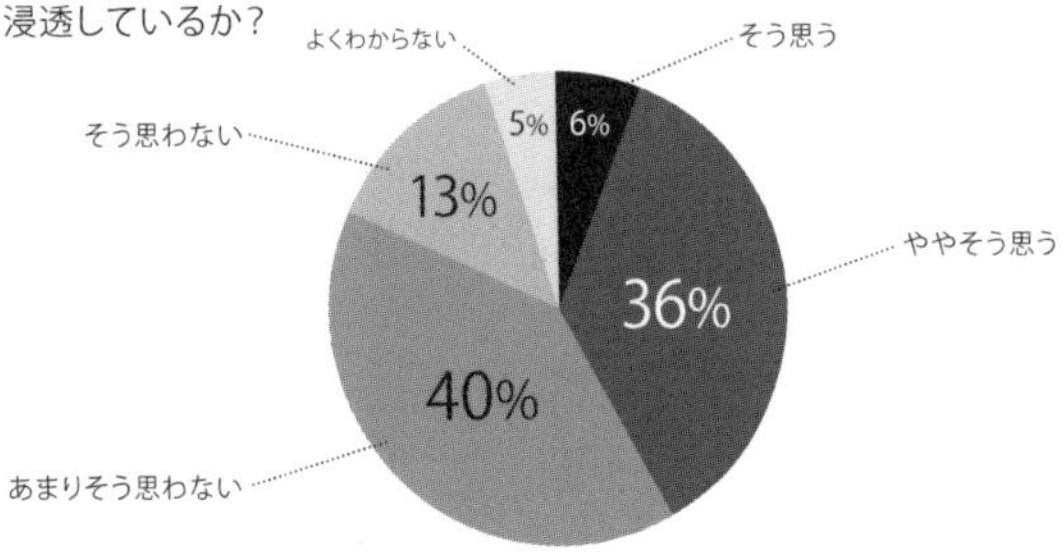

［出典］HR総合調査研究所

経営理念・ビジョンを策定した動機・きっかけ（複数回答）（n=4,340）

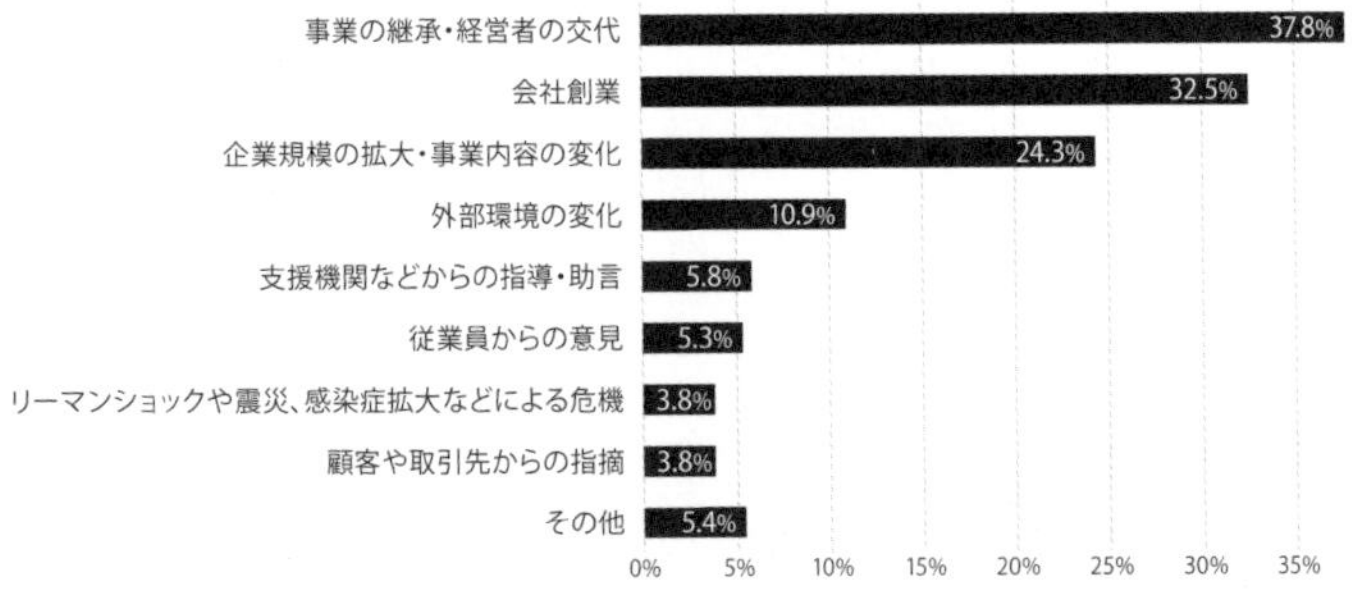

［出典］東京商工リサーチ

また「第二創業組織」とお伝えしているように、もう一度創業する、というタイミングで理念の見直しをすることは自然なことなのかもしれません。

理念浸透と強い組織の例

理念の浸透は組織を強くしていきます。「強い組織」という表現は人によって様々な解釈や定義があると思いますが、私としては「大崩れせずコンスタントに勝てる組織」を強い組織の1つの要素として定義しています。

理念の浸透が強い組織をつくる例として、日本にプロ野球において、選手としてはいまだ破られていない3度の三冠王、監督としても8年間で4度の優勝、そしてすべてAクラスと選手、監督双方で超一流の成績を残した落合博満氏がいます。

その落合氏にして、監督になって最初に徹底したことは「ウチはどんな野球をやるのか、をチームと選手に浸透させること」でした。つまりこれこそが「Why（なぜ）」、理念の浸透であり、これを徹底したことによって、先述したような成績を残す「強い組織」をつくり上げたのです。

落合監督時代の常勝軍団だった中日ドラゴンズの「ウチはどんな野球をやるのか」は、ホームランが出にくい広いナゴヤドームの特性を活かし、攻撃ではなく防御中心の野球、というものが基本スタンスでした。

ホームランではなくヒットや四球、盗塁、バントなど、コツコツと1点を取っていき、それを整備された投手陣と鍛え抜かれた鉄壁の守備陣が守り抜く、そういう野球で勝っていく、ということを声に出して共有することはもちろん、その野球をするために適正なのはだれかというメンバー選びにも、またゲーム中の戦術にも一貫性があったため、選手としても「何をやるか」が明確になり、やるべきことをいわれなくてもやるというチームとなり、結果的に8年連続Aクラス、4度の優勝という「大崩れせずコンスタントに勝てる組織」ができ上がりました。

２０２３年に優勝した阪神タイガースを落合氏が「優勝の要因は、岡田監督がウチはこういう野球をやる、と選手に浸透させたことが一番ではないか。選手が何をやればいいかわかっているし、自信を持ってプレーしている」と評しています。

もちろんスポーツと企業とではうまくいく方法も異なるかもしれませんが、「ウチはこういう会社だ」という理念を社員と共有し、その理念を軸とした人選、取るべき戦術などを一貫し続けることにより、社員1人ひとりの役割が明確になり、そしてその役割を全うし、全員が同じ方向を向いて事業を推進していく「強い組織」になれるのではないでしょうか。

理念の浸透が企業に及ぼす効果

企業に理念がなくとも企業経営はできますし、売上や利益を上げることも可能、と先述しましたが、理念の浸透が会社の売上や利益に影響を与えていることもまた事実です。

先ほどからお伝えしている株式会社リスキーブランドの調査では、「《収益性》ここ1年間の会社

【図表 22　理念浸透と業績の相関関係】

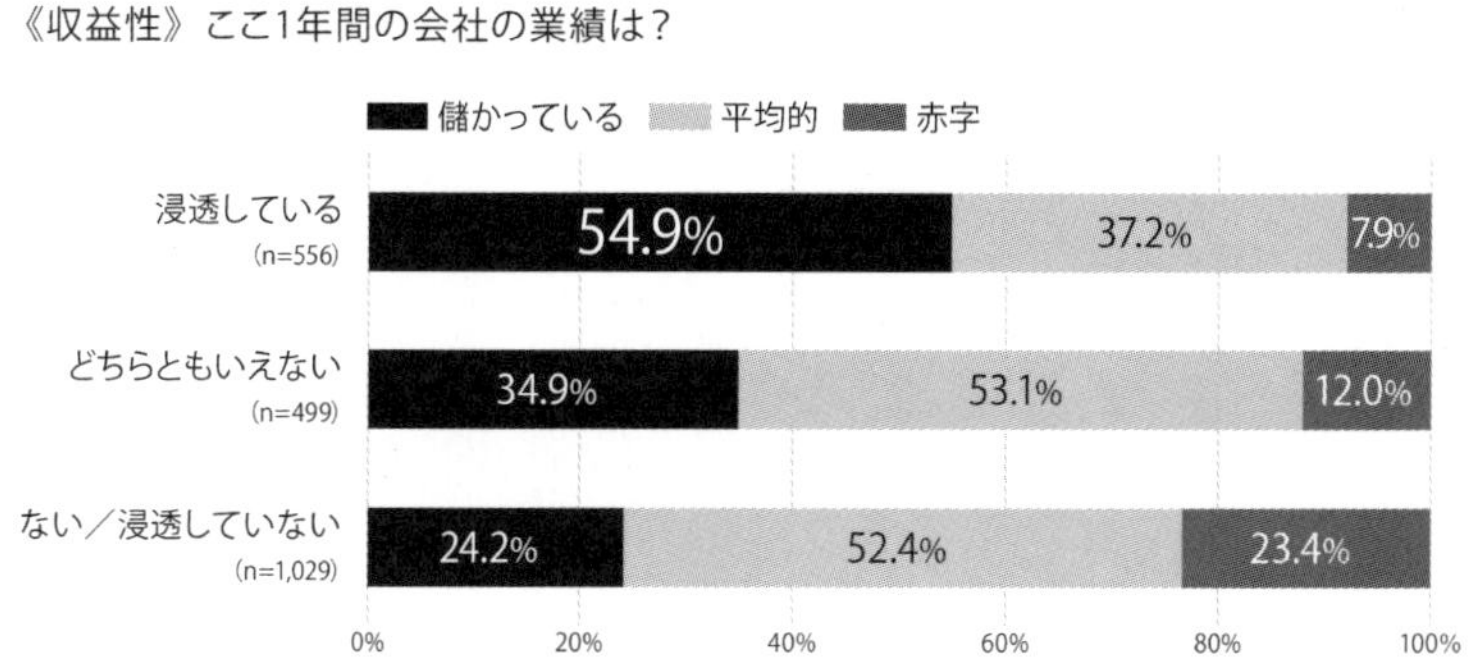

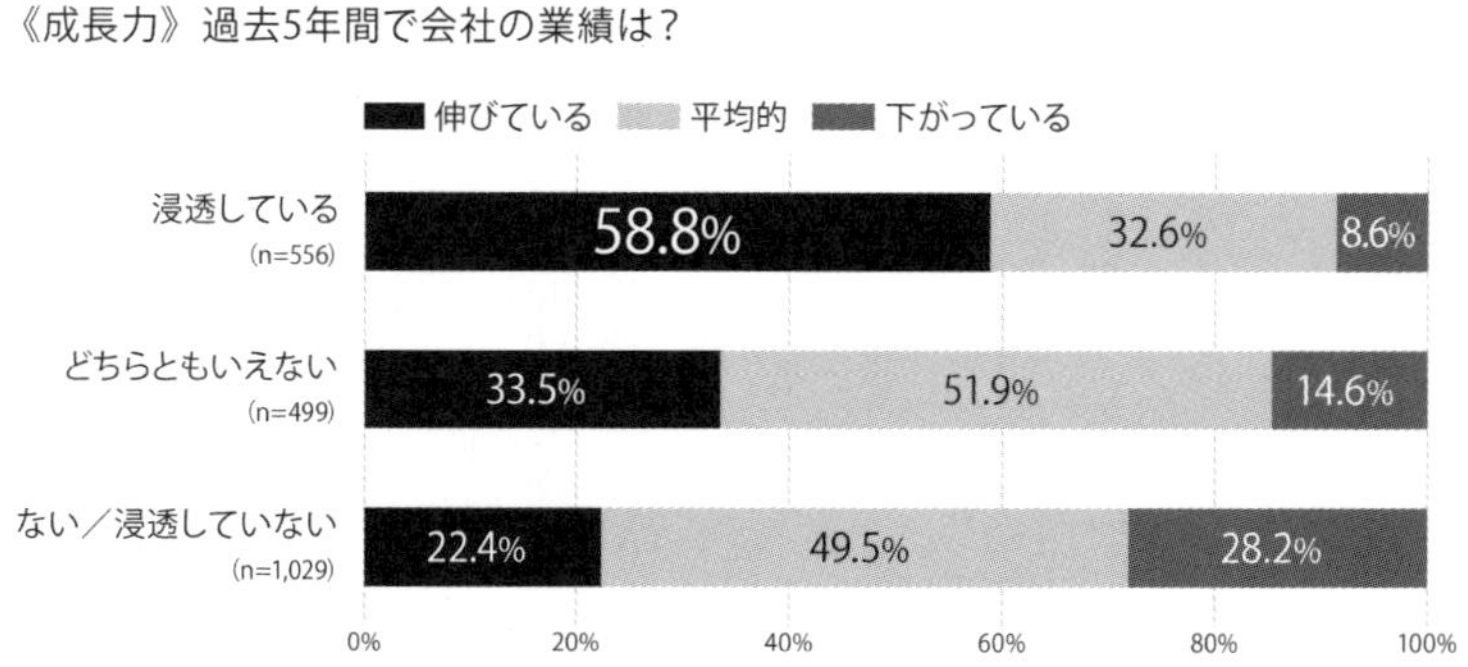

［出典］株式会社リスキーブランド

の業績は?」の問いに対して「儲かっている」と回答した割合が、「理念が浸透している」と回答した会社が54・9%に対し、「理念が浸透していない」と回答した会社は24・2%と2倍以上の差が出ています(図表22)。逆に「赤字」と回答した割合は、理念が浸透している会社が7・9%に対し、理念が浸透していない会社が23・4%と、こちらはよくない意味で約3倍の差が出ています。

もう1つ「《成長力》過去5年間で会社の業績は?」という問いに対して「伸びている」と回答した割合は、理念が浸透している会社が58・8%に対し、理念が浸透していない会社が22・4%と、こちらも2・5倍ほどの差がついており、逆に「下がっている」と回答した割合に関しては、理念が浸透している会社が8・6%に対し、理念が浸透していない会社が28・2%と、こちらもよくない意味での3倍以上の差が出ています。

これらのことからも理念浸透による効果は短期的なものだけではなく、中長期的に続くものだといえるでしょう。

また関連するものとして、宮田矢八郎著の『理念が独自性を生む―卓越企業をつくる7つの原則』では、経営理念の有無と売上規模、経常利益の相関関係を紹介しています。

図表23をご覧いただければおわかりのとおり、「経営理念がある」と回答した企業の割合が、売上2・5億円未満の会社だと47%という数字ですが、そこから売上規模が上がるに比例して「経営理念がある」と回答した企業の割合が上がり、売上30億円以上だと76%になっています。

経常利益についても同様の傾向であり、経常利益3000万円未満の会社が49%に対し、3億円

【図表 23　理念の有無と業績の相関関係】

売上規模別・経常利益額別に見た「経営理念の有無」(n=5,156)

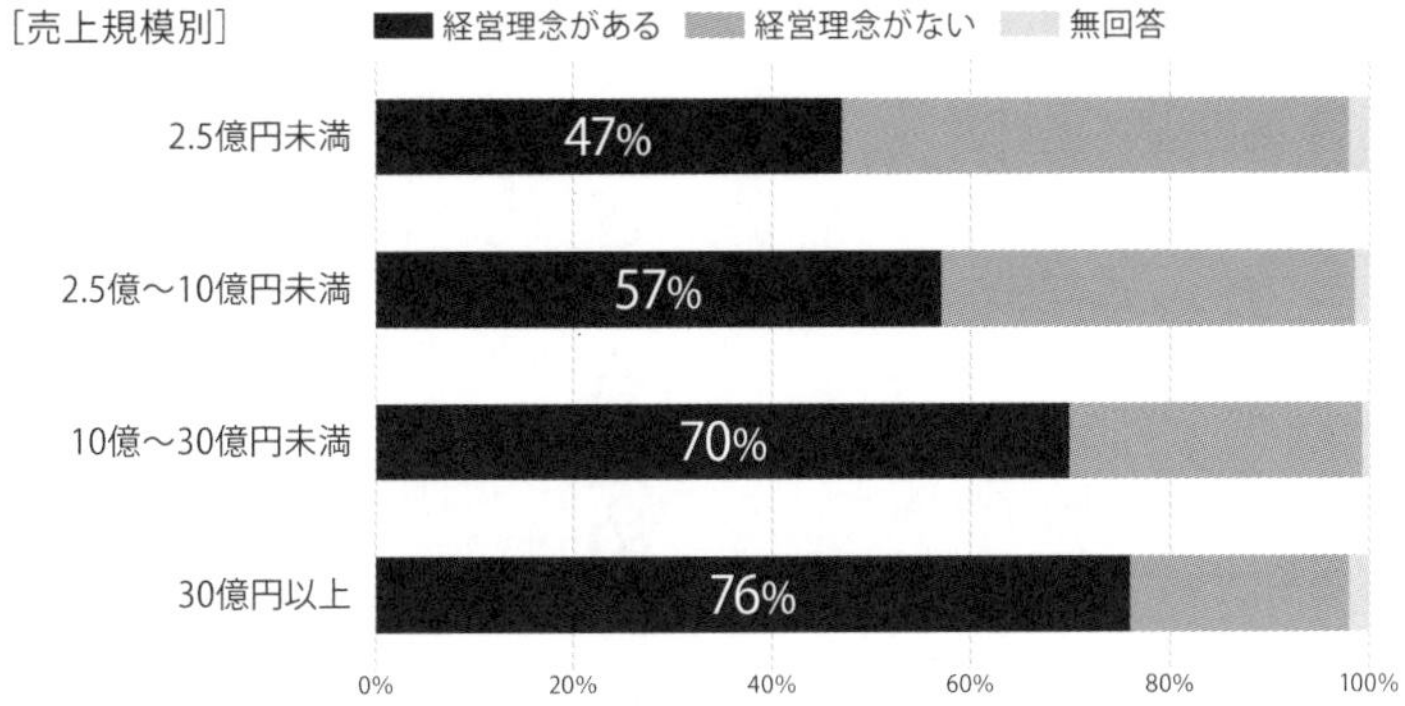

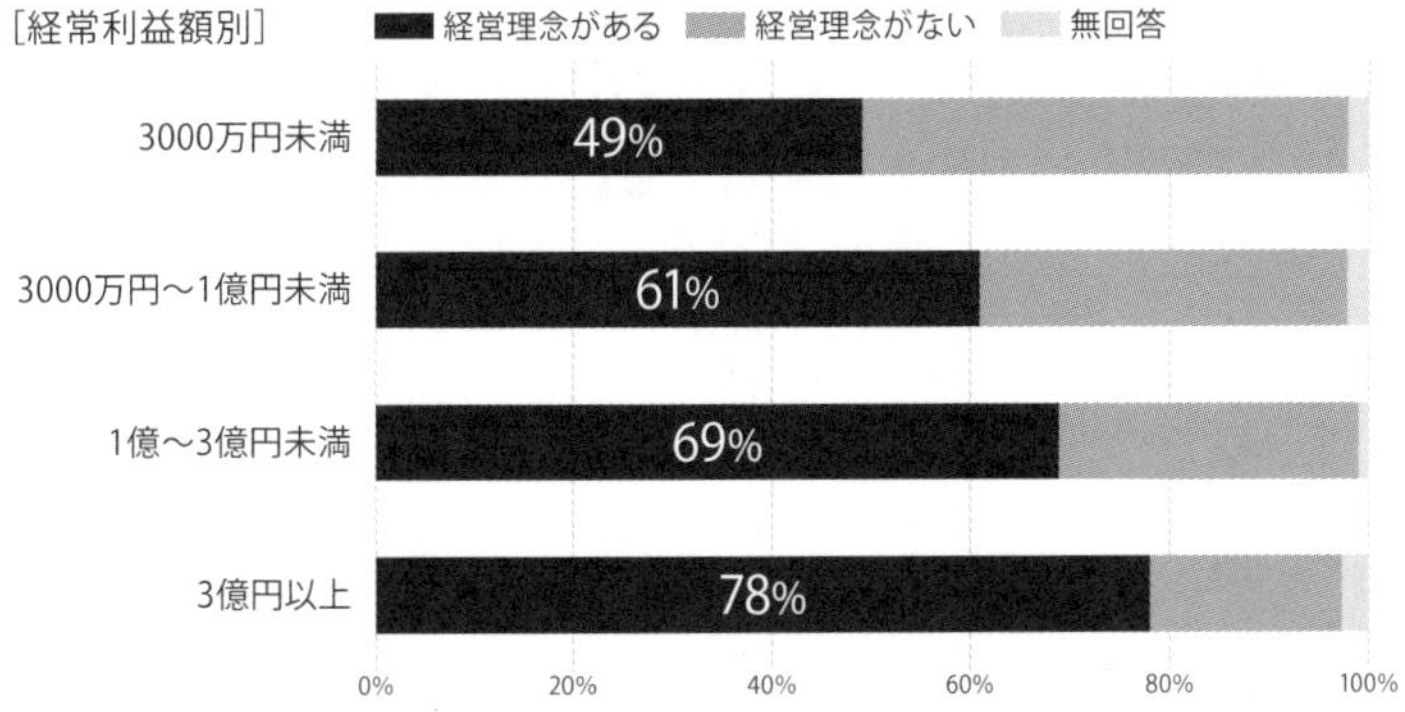

経営理念	平均経常利益	リサーチした会社数
あり	4,900万円	2752社（55%）
なし	2,900万円	2236社（45%）

［出典］「理念が独自性を生む」宮田矢八郎著

以上は78％という結果になっています。

最終的に「平均経常利益」という見方では、経営理念がある会社は4，900万円、経営理念がない会社が2，900万円と2倍近くの差が出ています（図表23）。

これらの各データから、理念の有無や浸透が会社の業績と密接に関係しているといえ、それは創業オーナーがいなくても回る会社、第二創業組織をつくっていくにあたっても、理念の構築、そして浸透は重要だといえます。

理念を浸透させるための行動指針

理念の浸透の重要性について言及したところで、続いては具体的にどのように浸透させていくかについて触れていきます。

そもそも「理念が浸透している」というのはどのような状態を示すかというと、当社では「社員が理念に沿った行動ができている」つまり「理念を体現できている」と定義しています。

言っていることとやっていることが同じ、言行一致ともいいますが、まさにそれこそが「理念が浸透している状態」であるといえるでしょう。

理念を浸透するにあたって重要なことは「理念に沿った行動」が、どのような行動なのかを言語化することであり、それが「行動指針」をつくることです。

多くの会社の場合、理念の表現は抽象的になりがちです。日常の仕事の現場でも上司の指示が抽象的だと部下が行動しにくかったり、また指示を受けた部下の解釈の違いが起こり、間違った行動をしてしまったりするのと同じで、言葉が抽象的だと具体的に何をすればいいのかわからなかったり、解釈の違いによって的外れな行動になってしまう可能性が高くなります。

そうならないよう、抽象的な表現である理念を具体的な行動ベースの表現にした行動指針をつくることによって、「ウチの会社の理念に沿った行動は○○だ」という形で、社員が認識統一できると共に、具体的に行動できるようになります。

現時点ですでに行動指針がある会社も多いと思います。会社によっては「バリュー」だったり「ウェイ」だったり、言葉自体が異なる場合もありますが、当社では「理念を体現することは行動指針を全うすること」という位置づけで定義しています。

もし理念をつくり直した会社、見直してマイナーチェンジした会社においては、改めて行動指針をつくる、見直すというプロセスが必要ですし、理念に変更がない会社においても、特に自社の理念浸透に課題がある場合においては、今ある行動指針が理念とリンクしているかどうかを見直してみてもいいかもしれません。

Ｐバランス

ここまで理念浸透の重要性をお伝えしてきましたが、企業としては理念の浸透だけではなく、企業を存続させるために「利益」を出し続ける必要があります。

その考え方を渋沢栄一の『論語と算盤』と同じような意味合いで、当社では「Pバランス」と表現しています。

Pバランスとは、理念を英語で表す「Philosophy」と利益を英語で表す「Profit」、それぞれの頭文字の「P」を取った、この2つのバランスのことです。

企業として、その存在価値を示す理念を追い続けることはもちろん重要なのですが、理念だけを追い続けても利益がなければ会社として存在し続けることはできませんし、逆に利益だけを追い続ける会社は、いずれ社会や顧客が離れていき、長期的に必要とされない会社になるでしょう。

つまりこれら2つはどちらかだけではなく、双方ともに重視し、バランスを取り続けることで長く存在し続けられる企業、ゴーイングコンサーンが可能になるのです（図表24）。

このPバランスを明文化し、成功した例として映像分野でＪＶＣ、車載カメラでKENWOOD、音響分野でVictorというブランドそれぞれ有名な株式会社ＪＶＣケンウッドでは、２０２３年の6月に企業理念を定款に盛り込んだ際、経営方針のもとにある行動指針の中に「かせぐ」という言葉を入れたそうです（図表25）。

これは経営がゴーイングコンサーンとして続けていくため、そして「感動と安心を世界の人々へ」提供するという企業理念を全うするために、「しっかりと稼がなければいけない」というメッセージをあえて社員へ出したのです。

その効果としては、行動指針に「かせぐ」を入れた２０２３年6月時点での株価５００円台が、

【図表 24　P バランスを取る】

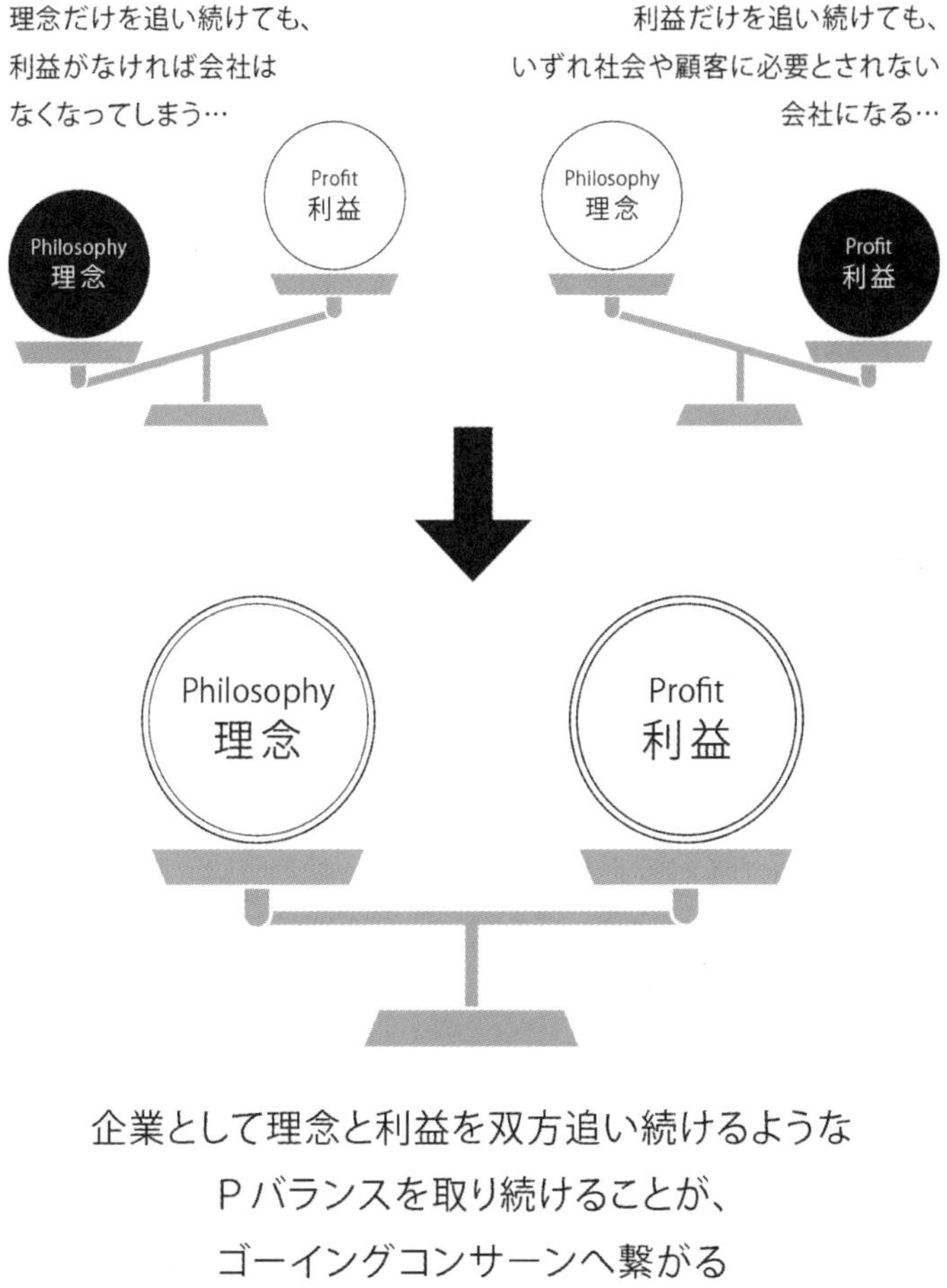

【図表25　株式会社JVCケンウッドの例】

企業理念

感動と安心を世界の人々へ

私たちは「感動と安心を世界の人々へ」提供するという企業理念を
JVCケンウッドグループの行動の原点として共有します。
この理念にもとづき、私たち一人ひとりは感動と安心につながる
多様な豊かさと価値観を、あらゆるステークホルダーの皆さまと
分かち合っていきたいと思います。

経営方針

・ものづくりを通じた新たな価値の創造
・変化ある未来に立ち向かう企業風土の構築
・イノベーションを実現する人材の育成と組織能力の強化

4つの行動指針

変わる・創る・かせぐ・つなぐ

理念（論語）だけではなく、
利益（算盤）との両立
（Pバランス）を明文化

２０２４年2月末時点では約１・4倍の７００円台へと、また純資産から見た「株価の割安性」を表すPBRも「０・８」倍と1を切っていた当時から１・２４倍へ、約１・5倍に上昇するなど、さらなる成長を遂げています（図表26）。

もちろん、これは行動指針に「かせぐ」を入れただけではなく、時代や市場の防災意識の高まりから無線・業務用システムを成長戦略の中心にするなど、事業戦略をしっかりと考案・推進したことも含めた結果ではありますが、このような事例からも企業としてPバランスをどのように取り、かつ社員へ浸透させていくかは重要なのです。

Pバランスを補完するもう2つのP

私は「理念（Philosophy）」と「利益（Profit）」、２つのバランスを取るうえで、そのPバランスを補完するもう2つの「P」があると思っています。

その「補完の２Ｐ」は、計画を英語で表す「Plan」と、人を英語で表す「Person」です。まずPlanですが、理念を全うするにも、同時に利益を上げていくにも、それを実現する「計画」が必要になってきます。

江戸時代に松下村塾で、伊藤博文や山縣有朋、高杉晋作など、幕末から明治にかけて日本を主導した人材を多く輩出した吉田松陰の言葉「夢なき者に理想なし、理想なき者に計画なし、計画なき者に実行なし、実行なき者に成功なし。故に、夢なき者に成功なし。」にもあるように、夢や理想

【図表 26　株価と PBR の推移】

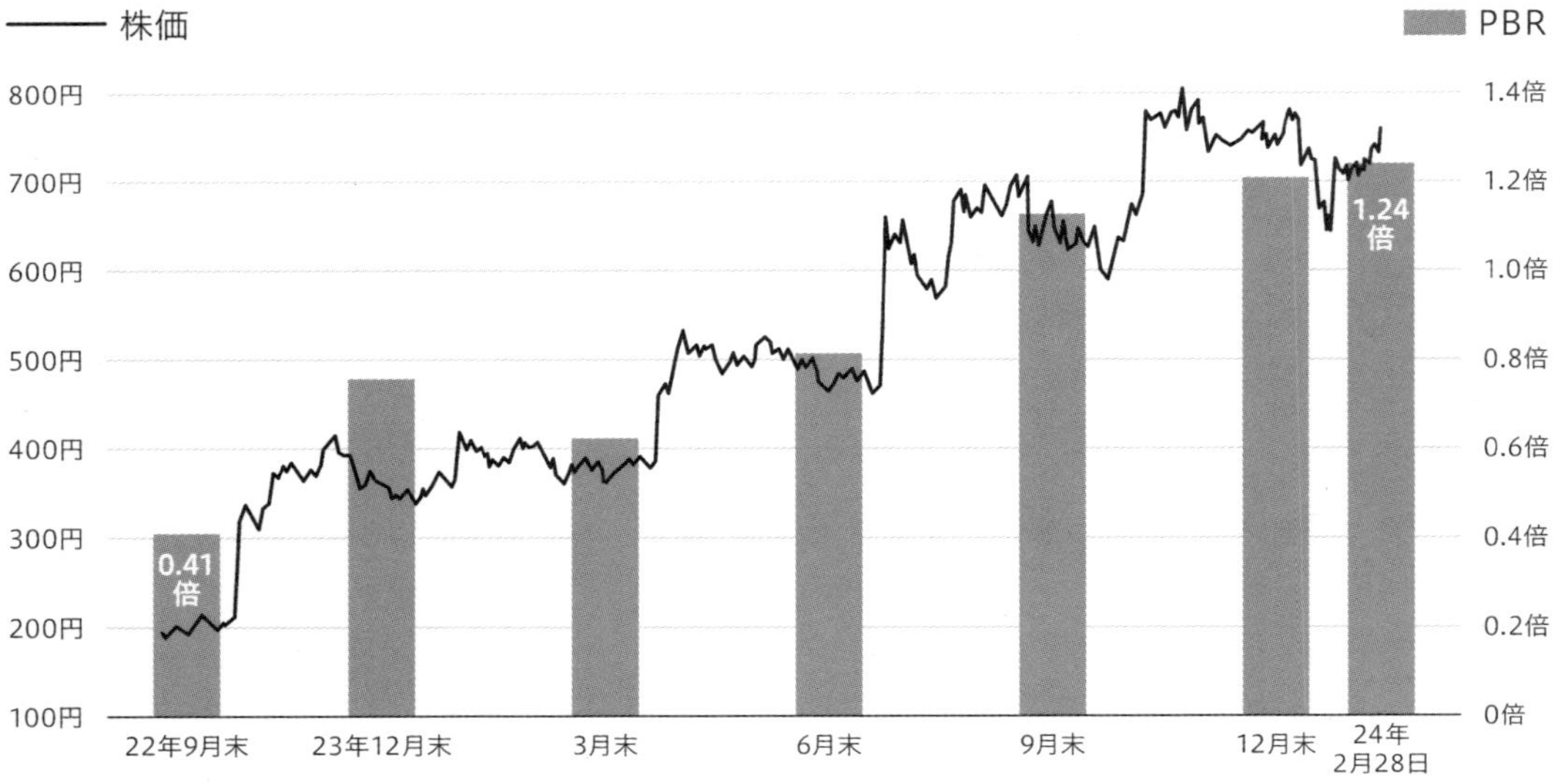

※年度末の1株当たり親会社所有者帰属持分で算出

［出典］マネーのまなび

を達成するための過程には「計画」が必須なのです。

そして、その計画を実行するために必要なのがもう1つの補完ＰであるPersonです。会社として理念を全うするにも、利益を創出するにも、それに向けた計画を遂行するのは結局「人」なのです。

つまりこれら2つのＰこそが、理念と利益を両立させるＰバランスを実現するためには必要不可欠なものといえるでしょう。

「Where」を決める

理念にコミットしているメンバーが決まったら、つまり「who」と「why」が決まったら、その次に決めるものが「Where」です。

Whereは「どこ」、という場所を指す意味であり、ここでいうWhereは「ウチの会社はどこへ向かうのか」を決めるということです。

「会社の行く先」とはいわゆる「ビジョン」です。同じ価値観をもったメンバーが何を目指すのか、具体的に表現をすることが次のステップとなります。

創業オーナーが社内でバリバリと働いている間は、創業オーナーが会社をどの方向へ引っ張っていくかを本能的に理解し、社員に直情的に伝え、ある種のカリスマ性で社内のメンバーを一枚岩にする「接着剤」のような存在で君臨していますが、創業オーナーがいなくなると、その接着剤がなくなり、一枚岩だった組織が徐々に崩れてしまいます。

つまり、創業オーナーがいる間はビジョンが言語化されていても言語化されていなくても、社員は何となく向かうべき方向がわかっており、社員によってはビジョンがどうこうよりも「創業オーナーについていく」という「人についている」組織になりがちです。

しかし創業オーナーが永遠に会社にいるわけではありませんので、創業オーナーがいなくなっても回る会社にするためには「人に人がつく」という組織ではなく、「ビジョンに人がつく」という組織にしなくてはいけません（図表27）。

これらのことからも、これまでは創業オーナーがそのリーダーシップで伝えてきたビジョンを、第二創業組織をつくるうえで、トップがいなくても、またはトップが代わっても全社員にしっかりと伝わる具体的に言語化されたビジョンが必要なのです。

ビジョンの言語化

ビジョンを言語化する際は、定性的なものと定量的なもの、どちらかだけでもよいですし、両方つくることもよいでしょう。

こちらも理念同様、メンバーと共に考えるプロセスが重要となります。日常から「ウチの会社は○○を目指す」と公言している会社もあれば、そうでない会社もあると思いますが、いずれにしても「我々はどこへ向かうのか」を、選抜したメンバーはもちろん、全社員に浸透させるためには、その言語化をするプロセスに、社員に浸透させる役割のメンバーが携わることで、浸透のスピード

【図表27　人につく組織からビジョンにつく組織へ】

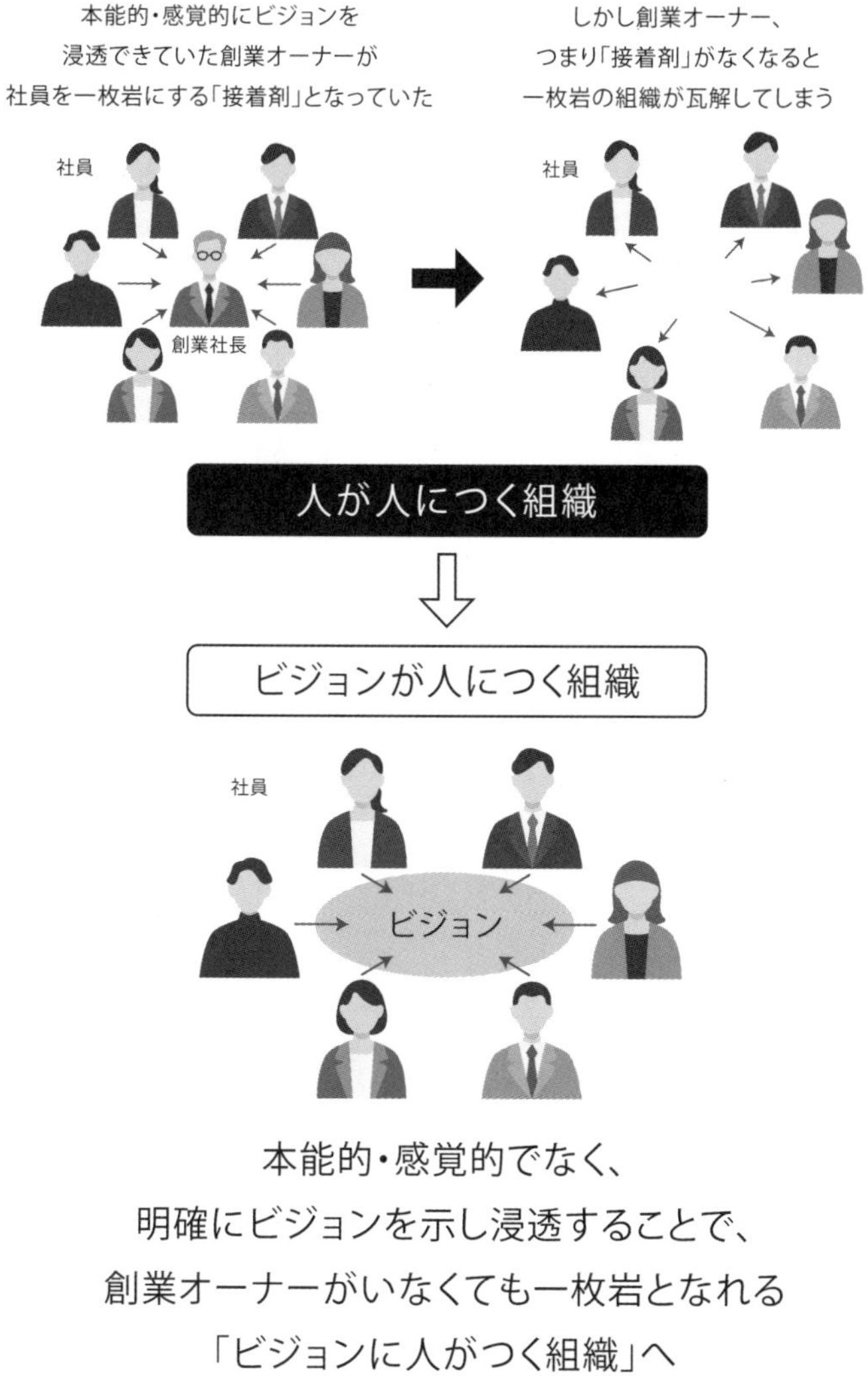
本能的・感覚的にビジョンを
浸透できていた創業オーナーが
社員を一枚岩にする「接着剤」となっていた
社員
創業社長
しかし創業オーナー、
つまり「接着剤」がなくなると
一枚岩の組織が瓦解してしまう
社員
人が人につく組織
ビジョンが人につく組織
社員
ビジョン
本能的・感覚的でなく、
明確にビジョンを示し浸透することで、
創業オーナーがいなくても一枚岩となれる
「ビジョンに人がつく組織」へ

が増し、かつ浸透度合いが深くなっていきます。

注意点としては、まず定性的なビジョンの場合は理念の言葉と重なってくることが多いため、理念との違いを明確に言語化する必要があります。

理念が価値観、ビジョンが方向性という違いがしっかりとわかるような表現にしないと、社員が混乱してしまいます。

また、定量的なビジョンの場合は、中期経営計画、数値目標となることが多いため、そのような計画や数値目標が当社のビジョンだと定義したうえで考案し、そして共有、浸透していく必要があります。

最後に当たり前ですが、理念とビジョンに整合性を持たせることです。会社の根幹を成すこれらに整合性がなければ当然浸透していきません。

これらの注意点を頭に置きながら「Where」、自社のビジョンを選抜メンバーと考案し、そして浸透させていくことが重要です。

「When」「What」「How」を決める

自社が決めるべき5Ｗ１Ｈの仕上げが「When」「What」「How」を決めることです。これは、理念を全うするため、またビジョンを達成するために、「いつまでに」「何を」「どのように」進めていくのか、いわゆる「戦略」を考案していきます。

「When」いつまでに、に関しては、会社の目標の1つであるビジョンを達成するための最終期限という設定はもちろん、そこに至るまでの様々な「What」「How」、何をどのように行っていくか、という1つひとつの「マイルストーン」の意味での期限も決める必要があります。

期限を決めて逆算して進め方を考える「バックキャスティング」の思考で戦略を考えることは、多くの経営者は当たり前にできることですが、この思考が染みついている一般社員は非常に少ないです。

一般的な管理職や社員の場合、「昨日の続きが今日、今日の続きが明日」というフォアキャスティング、つまり積み上げ思考で物事を考えている場合が多く、もちろんフォアキャスティング思考も大事ではあるのですが、会社という複数人の集団で物事を進める場合でいえば、圧倒的に逆算思考で計画を立てた方が成功確率は高まります。

また戦略やマイルストーンを考える際の1つひとつの「期限」の設定の仕方にも注意が必要です。イギリスの歴史・政治学者であるパーキンソンが提唱したパーキンソンの法則で、第1法則に「仕事の量は、完成のために与えられた時間をすべて満たすまで膨張する」というものがあります。

これはだれもが経験したことがあると思いますが、仮に1時間で終わる仕事に対して期限を3時間与えられると、その仕事は1時間で終わらず3時間使い切って完遂させる、という人間の特性を表したものです。

つまり期限を設定する際は余裕を持った期限は設定せず、タイトな期限を設定することがムダな時間を生まずに生産性を上げるポイントなのです。

ビジョンと戦略の整合性

定性的なビジョンであろうと定量的なビジョンであろうと「ビジョンを達成するための戦略」という位置づけは不変であるため、そこには当然ながら整合性が必要です。

その前提を抑えたうえで戦略を策定していきますが、ビジョンが定まると概ね自社の「事業ドメイン」が決まります。つまり「ウチの会社は○○屋さん」が決まるということです。

その事業ドメインの中で、ビジョンを達成するために既存事業はもちろん、どのように事業を「展開」していくかが「What」「How」の中心になっていきます。

例えば、当社の顧客は9割が年商30億円未満の中小企業であるため、この規模の企業における事業の数はほとんどの場合1つ、多くても2～3つです。

創業30年近い会社が、現在でも創業から同じ事業を継続している場合、第1章でもお伝えした「プロダクト・ライフサイクル」が衰退期に突入している可能性が高いため、第二成長期をつくっていくにあたっては戦略の基本的な視点である「どの顧客に」「どのような価値を」「どのように提供していくか」を再考する必要があります。

そのように自社の既存の事業を見直すにあたっての基本的なフレームワークがバリューポートフォリオです（図表28）。

【図表 28　ビジョンと戦略の整合性】

バリューポートフォリオ

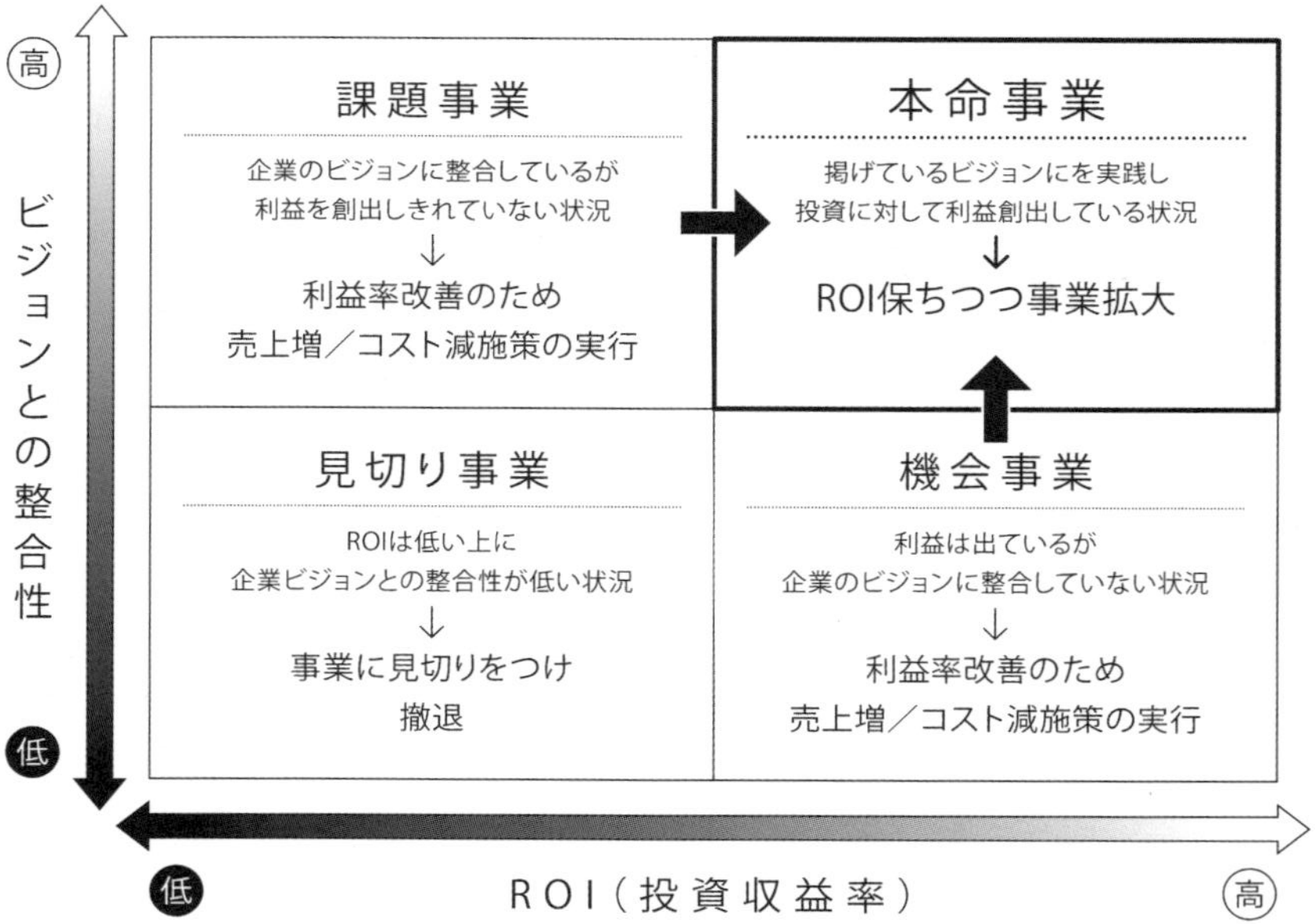
高
ビジョンとの整合性
低
課題事業
企業のビジョンに整合しているが
利益を創出しきれていない状況
↓
利益率改善のため
売上増／コスト減施策の実行
本命事業
掲げているビジョンにを実践し
投資に対して利益創出している状況
↓
ROI保ちつつ事業拡大
見切り事業
ROIは低い上に
企業ビジョンとの整合性が低い状況
↓
事業に見切りをつけ
撤退
機会事業
利益は出ているが
企業のビジョンに整合していない状況
↓
利益率改善のため
売上増／コスト減施策の実行
低
ROI（投資収益率）
高

バリューポートフォリオは、既存の事業を自社のビジョンとの整合性とＲＯＩ（投資収益率）の高低２軸で考えるフレームワークで、自社の事業がどこに位置するかによって戦略の方向性を定めるために活用していきます。

「本命事業」であればさらなる拡大を狙う戦略になりますが、ビジョンとの整合性は高いものの、利益が出ていない「課題事業」に該当する場合は、利益創出のための戦略が中心となり、逆に利益は出ているもののビジョンとの整合性が低い「機会事業」に該当するようであれば、事業の内容かビジョンを再考する必要があります。

本命事業、もしくは課題事業においては図表29「成長戦略のマトリクス」でどのような方向性で手を打つかを考えていきます。

ここで重要な視点は、本命事業であろうと課題事業であろうと、その事業の「近未来の市場成長率」を踏まえることです。

もし市場成長率が高い事業であれば、既存商品を既存顧客にさらに拡販していく「市場浸透」の方向性で十分だと思いますが、市場成長率が低い事業であれば、新しい顧客を開拓していく「新市場開拓」や新しい商品を開発する「新商品開発」、また場合によっては新たな収益機会を得るための「多角化」の戦略も視野に入れる必要が出てきます。

このような形で、まずは事業自体の「ビジョンとの整合性」を軸にしたうえで、事業の「市場成長率」を予測しながらどのような成長戦略を描いていくかを考えていきましょう。

【図表29　成長戦略のマトリクス】

市場・顧客 ＼ 商品・サービス	既存	新規
既存	**市場浸透** 購買数・購入金額・リピート率を高める（既存製品の売上拡大）	**新商品開発** 関連商品や機能追加商品を販売（既存顧客に新しい製品を売る）
新規	**新市場開拓** 海外進出や顧客ターゲットの変更を行う（新規顧客に既存製品を売る）	**多角化** 新たな収益機会を得る（新規顧客に新しい製品を売る）

本命事業でも安心は禁物

中小企業庁が毎年「倒産理由」のデータを出していますが、毎年約7割を占める圧倒的第1位の原因が「販売不振」です（図表30）。

キャッシュフローが回らなくなったときに会社は倒産するので、この原因が第1位なのはわかりやすいと思います。バリューポートフォリオの「課題事業」に該当する場合は、この販売不振という原因も多くあり、どのように売上を上げていくかという戦略を講じなければいけません。

ただ、もう1つ注目していただきたいのが第2位の倒産原因で、毎年同様、約1割を占める「既往のしわよせ」です。

既往のしわよせとは、業績が徐々に悪化しているにも関わらずそれに気づいてない、もしくは気づいているのに放置してしまったことによる倒産原因です。

これは何がいいたいかというと、自社の事業のポートフォリオが「本命事業」だとしても安心してはいけない、ということです。

プロダクト・ライフサイクルでいうと、成熟期から衰退期の前半までが一番利益が出る時なのです。市場が成熟されると競合の参入が起きにくくなると同時に、各企業の単一商品における生産性も習熟されるからです。

しかし衰退期も中盤になってくると利益は出ているものの、利益率が少しずつ減少傾向になって

【図表 30　倒産原因】

		放漫経営	過少資本	連鎖倒産	既往のしわよせ	信用性の低下	販売不振	売掛金回収難	在庫状態悪化	設備投資過大	その他	合計
2016年	件数	423	448	398	1,082	39	5,759	29	6	70	193	8,446
	割合	5.01%	5.30%	4.71%	12.81%	0.46%	68.19%	0.34%	0.06%	0.83%	2.29%	100%
2017年	件数	422	390	447	1,044	43	5,813	31	4	49	162	8,405
	割合	5.02%	4.64%	5.32%	12.42%	0.51%	69.16%	0.37%	0.05%	0.58%	1.93%	100%
2018年	件数	409	342	374	967	56	5,799	27	8	71	182	8,235
	割合	4.97%	4.15%	4.54%	11.74%	0.68%	70.42%	0.33%	0.10%	0.86%	2.21%	100%
2019年	件数	434	337	370	844	37	6,079	38	8	56	180	8,383
	割合	5.18%	4.02%	4.41%	10.07%	0.44%	72.52%	0.45%	0.10%	0.67%	2.15%	100%
2020年	件数	390	295	361	771	34	5,729	26	2	47	208	7,773
	割合	5.02%	2.64%	4.64%	9.92%	0.44%	73.70%	0.33%	0.03%	0.60%	2.68%	100%
2021年	件数	284	101	299	674	25	4,403	18	3	34	189	6,030
	割合	4.71%	1.67%	4.96%	11.18%	0.41%	73.02%	0.30%	0.05%	0.56%	3.13%	100%
2022年	件数	285	124	401	757	45	4,525	20	2	38	231	6,428
	割合	4.43%	1.93%	6.24%	11.78%	0.70%	70.40%	0.31%	0.03%	0.59%	3.59%	100%
2023年	件数	386	156	476	939	43	6,380	22	2	31	255	8,690
	割合	4.44%	1.80%	5.48%	10.81%	0.49%	73.42%	0.25%	0.02%	0.36%	2.93%	100%

※中小企業庁のデータを基に当社で編集

いきます。

この段階で商品の「第二成長期」へとイノベーションを起こすか、「延命期」をつくり利益率を保っていくかの施策を講じなければ、これが「既往のしわよせ」となり、年々利益率が減少していき、気がついたら会社が危なくなっている、という流れです。

つまり、ビジョンとの整合性も高く、利益も出ている、という表面上の「本命事業」という響きに安心せず、常に戦略を考案していく必要があるのです。

企業として存続するための要因

本命事業においても、常に事業内容や商品の見直しが必要だという点に関しては、東京都の都内創業50年目以上の企業に関する実態調査でも関連するデータがあり、「自社がこれまで存続してきた最大の要因」への回答の1位が「創業当時の製品・サービスを守りつつ、時代のニーズ等にあわせて改善・改良したから」が企業規模別で数字の差はあるものの、全体では65・8%という結果が出ています（図表31）。

また「創業から現在までに変革したこと」への回答に関しては、「製造方法・販売方法」「販売先・顧客」「インターネットや情報技術の活用」がトップ3でいずれも30%超えになっており、それ以降も「仕入先・原材料調達先」「主力商品・サービス」が続くなど、顧客や商品に関連した変革が重要であることがわかります。

【図表31　企業存続の要因】

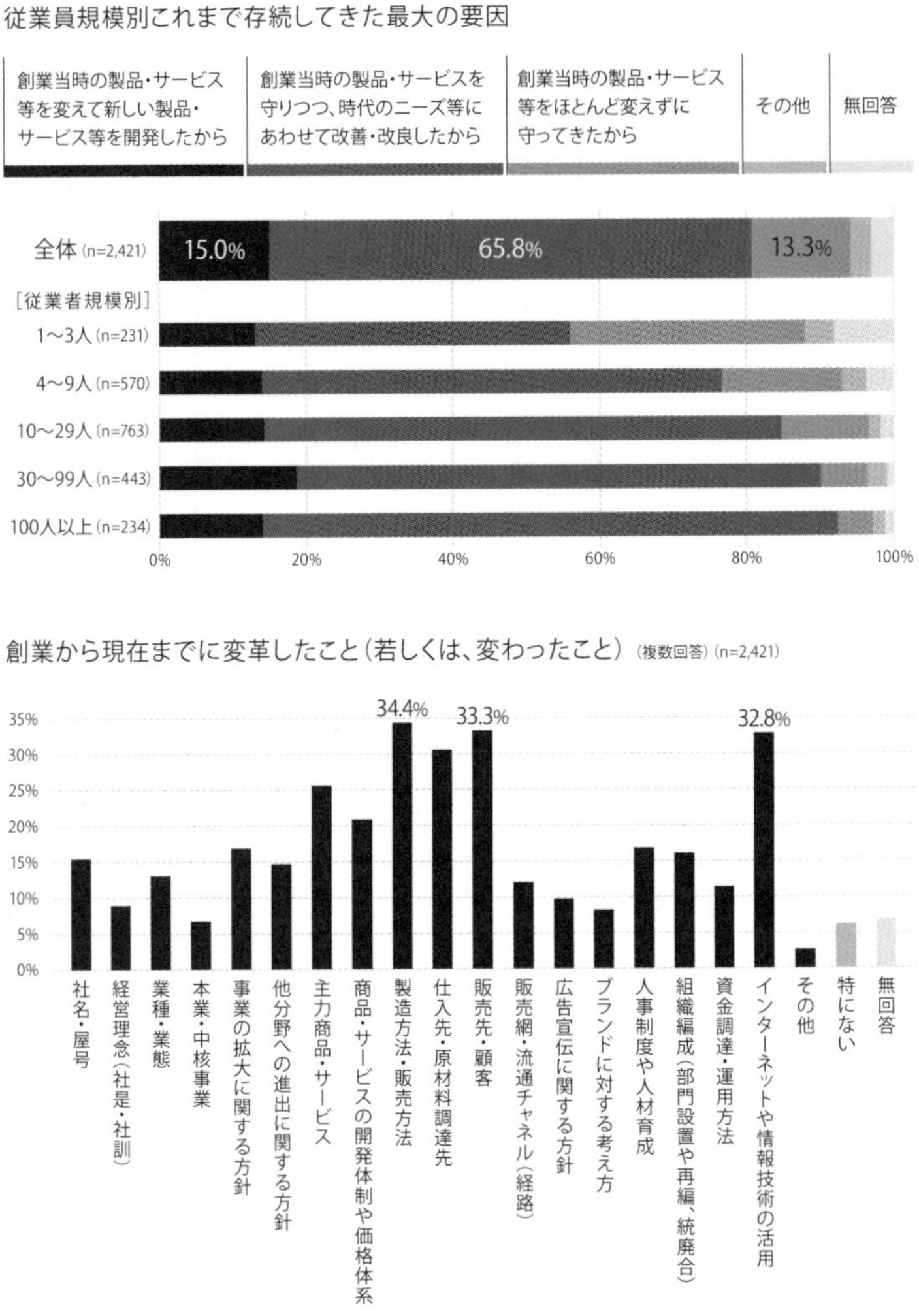
従業員規模別これまで存続してきた最大の要因
創業当時の製品・サービス等を変えて新しい製品・サービス等を開発したから
創業当時の製品・サービスを守りつつ、時代のニーズ等にあわせて改善・改良したから
創業当時の製品・サービス等をほとんど変えずに守ってきたから
その他
無回答
全体 (n=2,421)
15.0%
65.8%
13.3%
[従業者規模別]
1〜3人 (n=231)
4〜9人 (n=570)
10〜29人 (n=763)
30〜99人 (n=443)
100人以上 (n=234)
0%
20%
40%
60%
80%
100%
創業から現在までに変革したこと（若しくは、変わったこと）(複数回答) (n=2,421)
35%
30%
25%
20%
15%
10%
5%
0%
34.4%
33.3%
32.8%
社名・屋号
経営理念（社是・社訓）
業種・業態
本業・中核事業
事業の拡大に関する方針
他分野への進出に関する方針
主力商品・サービス
商品・サービスの開発体制や価格体系
製造方法・販売方法
仕入先・原材料調達先
販売先・顧客
販売網・流通チャネル（経路）
広告宣伝に関する方針
ブランドに対する考え方
人事制度や人材育成
組織編成（部門設置や再編、統廃合）
資金調達・運用方法
インターネットや情報技術の活用
その他
特にない
無回答

［出典］東京都産業労働局「政策調査」

イギリスの自然科学者、チャールズ・ダーウィンの有名な言葉「生き残るのは最も強い者や最も賢い者ではなく、変化に最もうまく対応できる者だ」にもあるように、現状に満足、横着せずに、常に事業内容や商品の見直しをすることが、企業として存続するためにも、そして衰退期ではなく第二成長期へと進んでいくためにも必要なことではないでしょうか。

合宿のススメ

これら自社の未来の土台となる5W1Hを決めるにあたっては、特にキックオフとして「合宿」の形式で実施することをおススメしています。

いわゆる「経営合宿」「幹部合宿」といわれるものですが、今後の会社を考えるという重要な場という意味では参加メンバーにも「特別感」が出る非日常的な形式がスタートダッシュをより加速させていきます。

メンバー自身にも「自分が選ばれている」という優越感や、「社長は本気で第二創業期をつくろうとしている」という経営の本気度を感じてもらえるのも、合宿形式で開催することで助長されることでしょう。

実際、Co-Creations株式会社の調査によると、合宿やオフサイトでのミーティングを実施しているチームのうち、94％がポジティブな変化を感じている、という結果が出ています（図表32）。

内容としても「コミュニケーション」「心理的安全性」「エンゲージメント」と、組織が効果的に

【図表 32　企業における合宿の効果】

合宿／オフサイトでのミーティングを経て感じた変化（実施していると回答）

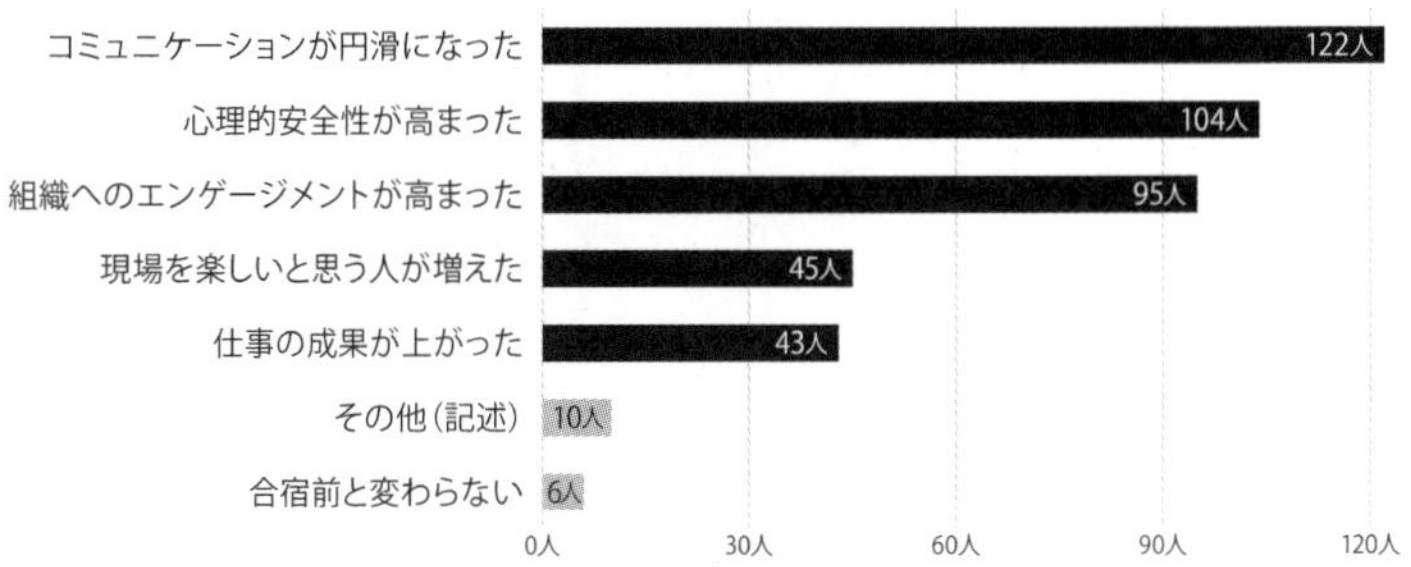

チームのコンディションに関するポジティブな変化が多いほか、
仕事の成果が上がったという回答も

チーム・組織の現在のコンディション

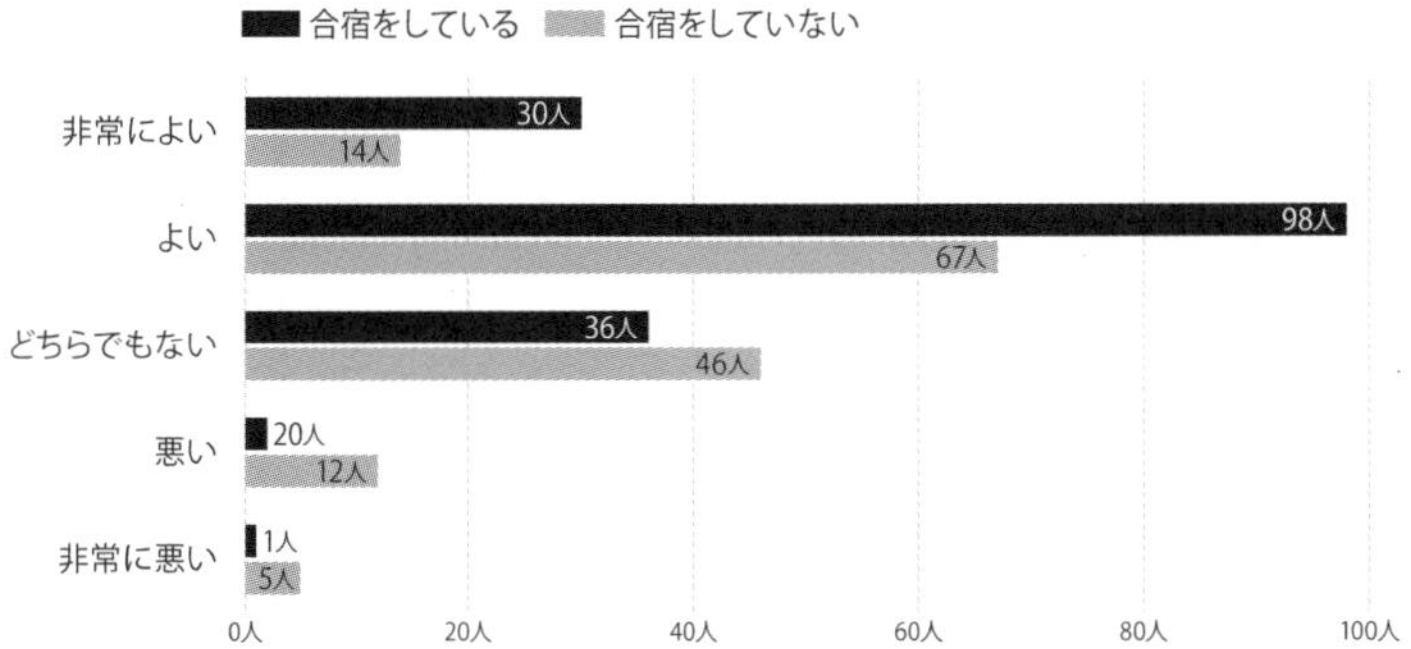

合宿・オフサイトでのミーティングをしているチームの
7割以上が非常によい・よいと回答

［出典］「組織・チームの合宿／オフサイトでのミーティングに関する動向調査」Co-Creations株式会社

機能する代表的な要素が高まっており、また組織・チームの現在のコンディションに関しても、合宿を実施しているほうが実施をしていないところよりも「非常によい」「よい」の割合が高く、「悪い」「非常に悪い」の割合が低い、という結果になっています。

必ず合宿形式で実施しなければいけない、というわけではありませんが、創業オーナーがいなくても回る会社、第二創業組織をつくる、という「変革」を行っていく「決意」という意味では、スタートだけでも非日常的な空間で実施することをおススメします。

5W1Hが自社の土台となる

ここまでお伝えした5W1Hを決めることが、創業オーナーがいなくても回る会社、第二創業組織をつくる土台となります。

考える、つくる順番をわかりやすいように5W1Hのピラミッドで表現しましたが、これらを考える、つくるプロセスに一番下の「Who」、つまり将来一緒に会社を成長させていきたいメンバーを交えることが重要です（図表33）。

メンバー達がこれらのプロセスに立ち会うことで、そのメンバー自身の視座が上がり、そしてビジネスパーソンとしての成長にも繋がりますし、またそのメンバーが様々なことを社員に共有、そして浸透させていく役割を担っているため、全社に浸透するスピードが早くなり、かつ浸透度が深くなります。

仮にこの５Ｗ１Ｈを、メンバーを交えずに経営者のみで決定し、その決定したものをキーマンとなる数人のメンバーに伝え、「これを社員全員にも伝えて浸透させてくれ」とした場合、全社員への浸透が深くなるイメージが沸くでしょうか。

間接的にメンバーから浸透の働きをせずとも、創業オーナー自身が直接働きかけて全社員に浸透させればよいという考え方もあるでしょうが、その状態ではいつまでも「創業オーナーがいなければ回らない会社」のままです。

それではこれまでと同じ組織の形であり、創業30年を超えるための第二創業組織に変貌することができません。

創業オーナーがいなくても回る会社にするために、そして創業30年の壁を超える第二創業組織をつくるために、経営者のみではなく、キーマンとなるメンバーを交えた形で５Ｗ１Ｈをつくるプロセスにこそ意味があるのです。

ハーバード・ビジネススクールのジョージ・セラフェイム教授のＲＯＡ（総資産利益率）とパーパス（目的：理念・ビジョン）の関係についての研究によると、企業のトップ層がいくらパーパスを連呼しても収益性向上には繋がらないのに対し、企業のミドル層がパーパスを繰り返し口にすればするほどＲＯＡ（企業の収益性）は高くなる、という結果が出ています。

そのような効果も含めて、第二創業組織をつくる要諦の１つ目として自社の５Ｗ１Ｈを決めていきましょう。

【図表33　自社の5W1Hを決める】

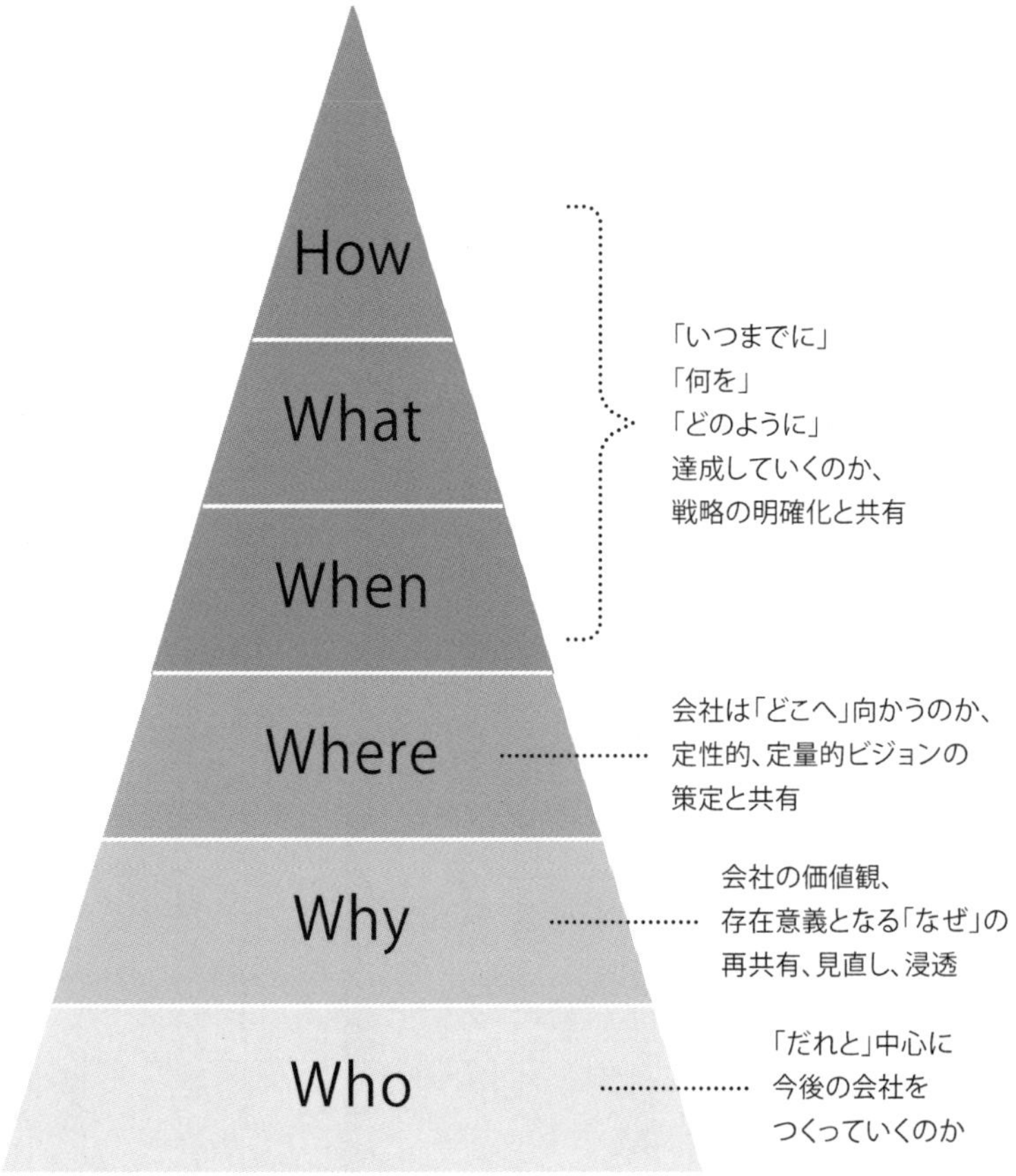
How
What
When
Where
Why
Who
「いつまでに」
「何を」
「どのように」
達成していくのか、
戦略の明確化と共有
会社は「どこへ」向かうのか、
定性的、定量的ビジョンの
策定と共有
会社の価値観、
存在意義となる「なぜ」の
再共有、見直し、浸透
「だれと」中心に
今後の会社を
つくっていくのか

第3章

Chapter 3

要諦2
マネジメントの仕組みをつくる

なぜマネジメントの仕組みが必要か

創業オーナーがいなくても回る会社にする2つ目の要諦は、マネジメントの仕組みをつくることです。

ここでいうマネジメントの仕組みとは、社内に強烈なリーダーがいなくとも組織が機能するような「特定の個人の力に依存しない仕組み」のことです。

組織論においてはポピュラーですが、「リーダーシップ」と「マネジメント」は対比するものとしてよく引き合いに出されます。

私がこれまで携わってきた多くの会社でも該当するのですが、創業オーナーはリーダーシップが強い方がほとんどです。

社員を導く、時には強引にでも引っ張っていくような雰囲気づくりやコミュニケーションに優れている方が多く、その人間性も相まって社員がついていく、そのような組織をつくっている傾向が高いです。

そのような組織においては、先述したマネジメントの仕組みなどがなくとも会社も社員も成長はしていくのですが、このリーダーシップ型組織の場合、牽引しているリーダーがいなくなった時点で組織が機能不全になったり、会社や社員の成長が止まってしまうことがほとんどなのです。

つまり「属人化された組織モデル」になっているため、二代目経営者が同じようなリーダーシップを発揮できるようなタイプであれば問題はないのですが、二代目経営者がリーダーシップタイプでなければ「創業30年の壁」に阻まれてしまう可能性が高くなってしまいます。

多くの場合、創業オーナーと同じようなリーダーシップタイプの人が二代目経営者になることは少なく、私個人の考えとして、リーダーシップは感覚的であるため「意図して育てることができない先天的なもの」だと思っていますので、リーダーシップタイプでない二代目経営者が無理にリーダーシップ型組織を継続しようとしてもうまくはいかないのです。

逆にマネジメントは感覚的ではなく論理的であることから「意図して育てることができる」ものなので、そのようなマネジメントの仕組みをつくることで「属人化されない組織モデル」を構築し、経営者のタイプに左右されない仕組み、つまり「特定の個人の力に依存しない仕組み」によって、創業30年の壁を超え、また創業オーナーがいなくても回る会社になることができるのです。

仕組みとは「ルールづくり」

仕組みとはルールをつくることです。どのようなことでも個人だけではなく複数人が携わる物事においてルールは必須のものといえるでしょう。

例えばスポーツにおいて、野球でいえば「９人で守る」「打者は1番から9番まで打つ順番を決め、試合途中で変えることはできない」など、基本的なルールがあります。

このようなルールがなければ、「ウチは点を絶対に与えたくないから15人で守るよ」や、「打ち損じたから、3番から5番に変えてもう1回すぐに打ちたい」など、「個人的な都合やワガママ」が横行してしまい、競技として成立しなくなるでしょう。

このような例は会社・組織にも同じようなことがいえ、「○○の際は○○と○○をしっかりやるように」というルールがなければ、「私はそれをやりたくない」「面倒だから○○だけでいいよ」のように、こちらも社員の個人的な都合やワガママが横行するようになり、組織として機能しなくなるのは自明の理です。

もし明確なルールがなくとも、これまでの「創業オーナーがいる組織」であれば、そのリーダーシップと剛腕、求心力で組織が機能してきたでしょう。

しかし、創業オーナーがいなくなった組織は、そのようなリーダーシップや求心力でなんとかなってきた組織も「なんとかならなく」なります。

そうならないためにも、創業オーナーがいなくても回る会社、第二創業組織をつくるうえで「仕組み化」は必要なのです。

以降では、その第二創業組織をつくるために必要な4つのマネジメントの仕組みについてお伝えしていきます。

マネジメントの仕組み①/業務の標準化

つくるべきマネジメントの仕組みの1つ目は「業務の標準化」です。業務の標準化の対義となるものが「業務の属人化」です。

業務の属人化とは、言葉そのままに「特定の業務が、担当している特定の社員しかできない状態」になっていることで、この状態の場合「その社員がいなければその業務はだれもできずに業務が回らなくなる」という組織になってしまいます。

また、どの企業でも人材不足が問題となっており、ただでさえ業務の生産性を高め、長時間労働を避けなければいけない中、日本経済団体連合会の「長時間労働に繋がりやすい職場慣行」の1位は「業務の属人化」という結果が出ています（図表34）。

また、マネジメントや人材育成の課題、という観点においても、日経ＢＰシステム運用ナレッジの調査では「ノウハウが属人化している」が、ｅラーニング戦略研究所の調査では「業務知識が属人化している」がそれぞれ1位となっています。

このように「社員Aがいなければ業務が滞ってしまう」「生産性が上がらず長時間労働になり、社員も疲弊し会社の利益も減少する」という組織から1日でも早く抜け出すために、業務の標準化をすることは必須なのです。

業務の標準化の進め方

業務の標準化を行うことで、特定の業務が「だれでもできる」と同時に「均一な品質で仕上がる」ことを目標にしていきます。ここでは具体的に業務の標準化の進め方についてお伝えしていきます。

【図表34　業務の属人化】

長時間労働に繋がりやすい職場慣行

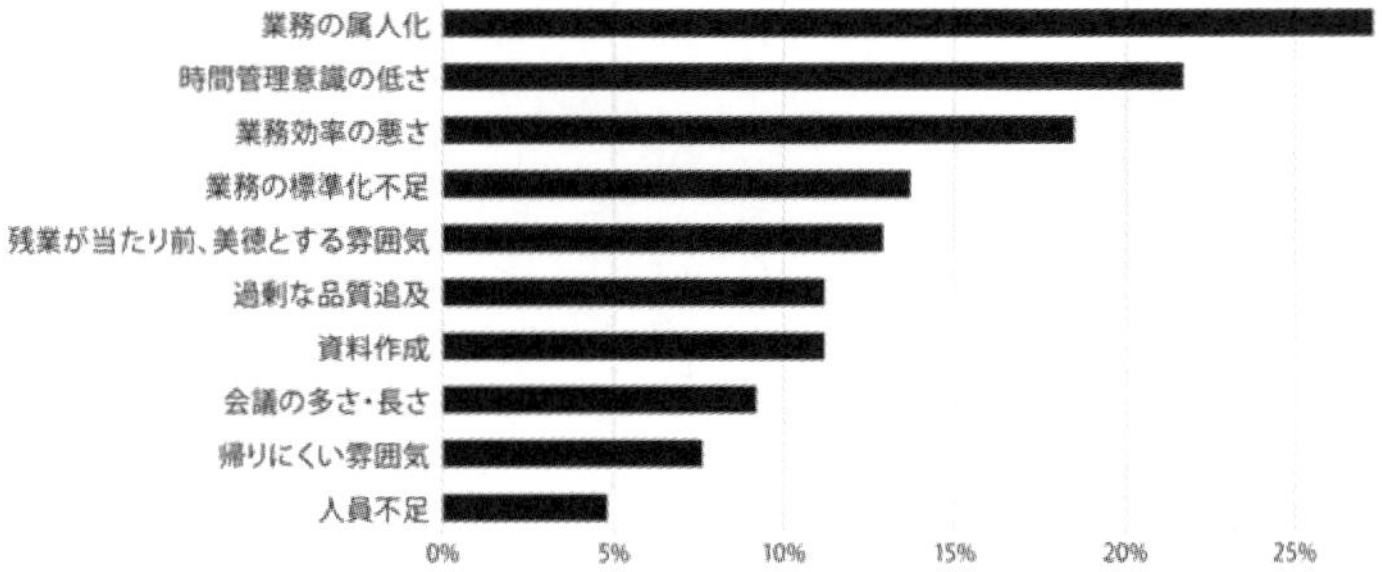

［出典］eラーニング戦略研究所

予算/人材/体制/マネジメントなど、運用の現場で現在抱えている課題（複数回答）（n=627）

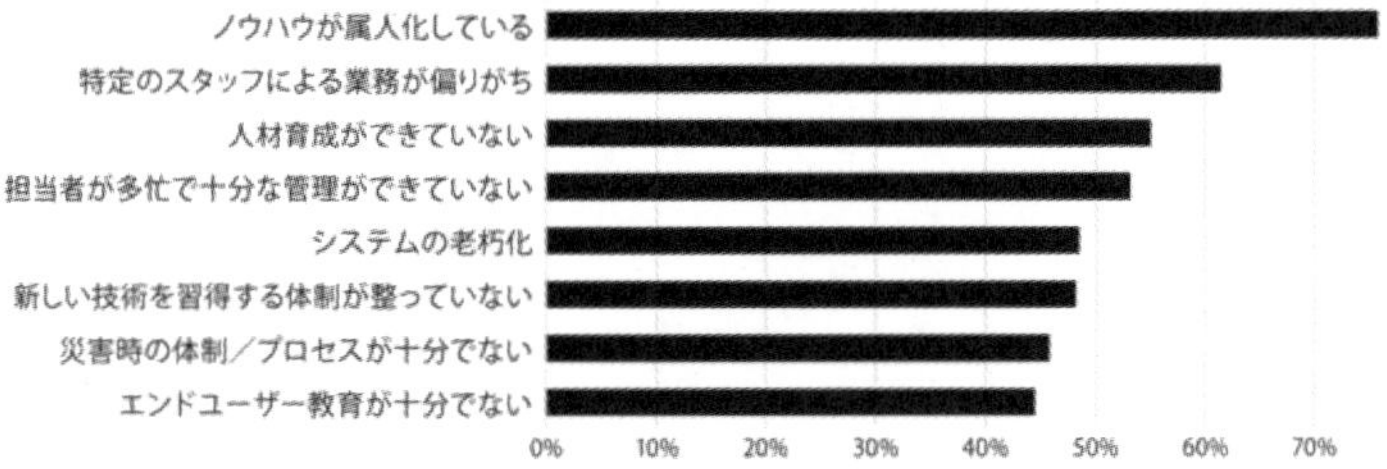

［出典］日経BPシステム運用ナレッジ

人材育成の課題

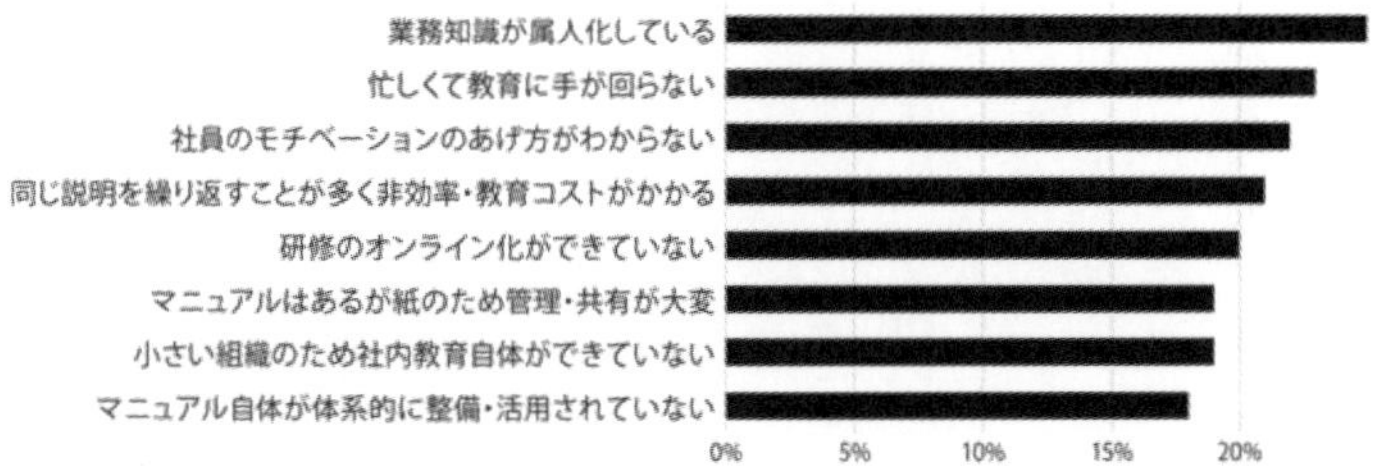

［出典］eラーニング戦略研究所

【ステップ1】業務フローの作成

まず最初のステップは業務フローの作成です。単一部署だけではなく他部署との連携も含めた全体的な業務の流れを可視化してアウトプットしていきます。

社員１人ひとりが全社的な業務の流れを認識することで、その中で個々が特定の業務を役割として担うときに、その業務の目的や前後の流れを把握できるため、業務遂行における視座が高くなることも狙いです。

【ステップ2】ＥＣＲＳの原則で業務フローを精査

業務フローを洗い出した後は「ＥＣＲＳの原則」で中身を精査していきましょう。ＥＣＲＳの原則は、業務改善を行うときに活用される視点で、「Eliminate（排除）：その業務をなくすことはできるか」「Combine（結合）：その業務と他の業務を一緒にできないか」「Rearrange（交換）：業務の順序を入れ替えることで効率化できないか」「Simplify（簡素化）：その業務のやり方をもっと簡単にできないか」という４つの順番で業務改善の検討を進めていくものです。

このＥＣＲＳの原則を用いることで、的確な課題が抽出され、少ない手間とコストで大きな改善効果を得ることができます。

これによって業務を標準化する前に、現在の業務フローを精査し、よりブラッシュアップさせることで標準化のレベルを上げていきます。

【ステップ3】 1つひとつの業務のマニュアル化

全体的な業務フローが完成した後に、1つひとつの業務について「それを見ればだれもができる」ようにマニュアル化をしていきます。

どのような順番で何をするのか、どこがポイントで、どのプロセスで何が注意点なのか、イレギュラーが起きた際の対処の仕方、などテキストだけではなく、作業であれば写真、パソコン業務であればキャプチャーなどのビジュアル化、イラスト化を含めてマニュアル化することで、その業務を覚えるスピードも上がります。

また、このマニュアル化をするプロセスにおいても、ＥＣＲＳの原則で従来のやり方や流れにまだ改善の余地がないかを検討しながら完成させていくことをおススメします。

【ステップ4】 定期的なブラッシュアップ

業務フロー、マニュアルは一度完成したものが未来永劫続くわけではありません。新しい取引先を開拓した、新しい部署ができた、新しい商品を開発したなど、自社の内部環境や外部環境の変化によってこれらを見直す必要が出てきます。

つまり定期的なブラッシュアップをし続けることで、特定の業務が「だれでもできる」と同時に「均一な品質で仕上がる」ことが可能になり、多くの企業で起こりがちな「つくって終わり」のマニュアルではなく「生きたマニュアル」になるのです。

以上のようなステップで、第二創業組織をつくるための1つ目のマネジメントの仕組みである、「業務の標準化」を進めていきましょう（図表35）。

職人・ベテランほどマニュアルを軽視しがち

「標準化しよう」「マニュアル化しよう」という言葉にアレルギーのある社員がいます。その多くが技術や専門職におけるいわゆる「職人」社員や、その業界で長く経験がある「ベテラン」社員です。

職人やベテランが必ず「マニュアル嫌い」というわけではありませんが、傾向として多いのは間違いありません。

創業30年に近い会社であるほど、このようなマニュアル嫌いの職人やベテラン社員が多く存在し、その企業文化が「創業オーナーがいなくても回る会社」になる阻害要因になっている場合があるのです。

これは職人やベテランのみではなく、創業オーナー自身がマニュアル嫌いであることも珍しくありません。

マニュアル嫌いは、組織の中でも特に技術の高い人、パフォーマンスの高い人ほどその傾向が強いといえます。

人によって様々な理由はありますが、技術の高い人やパフォーマンスの高い人ほど「人に教えられない」「言語化が苦手」です。

【図表35　業務の標準化】

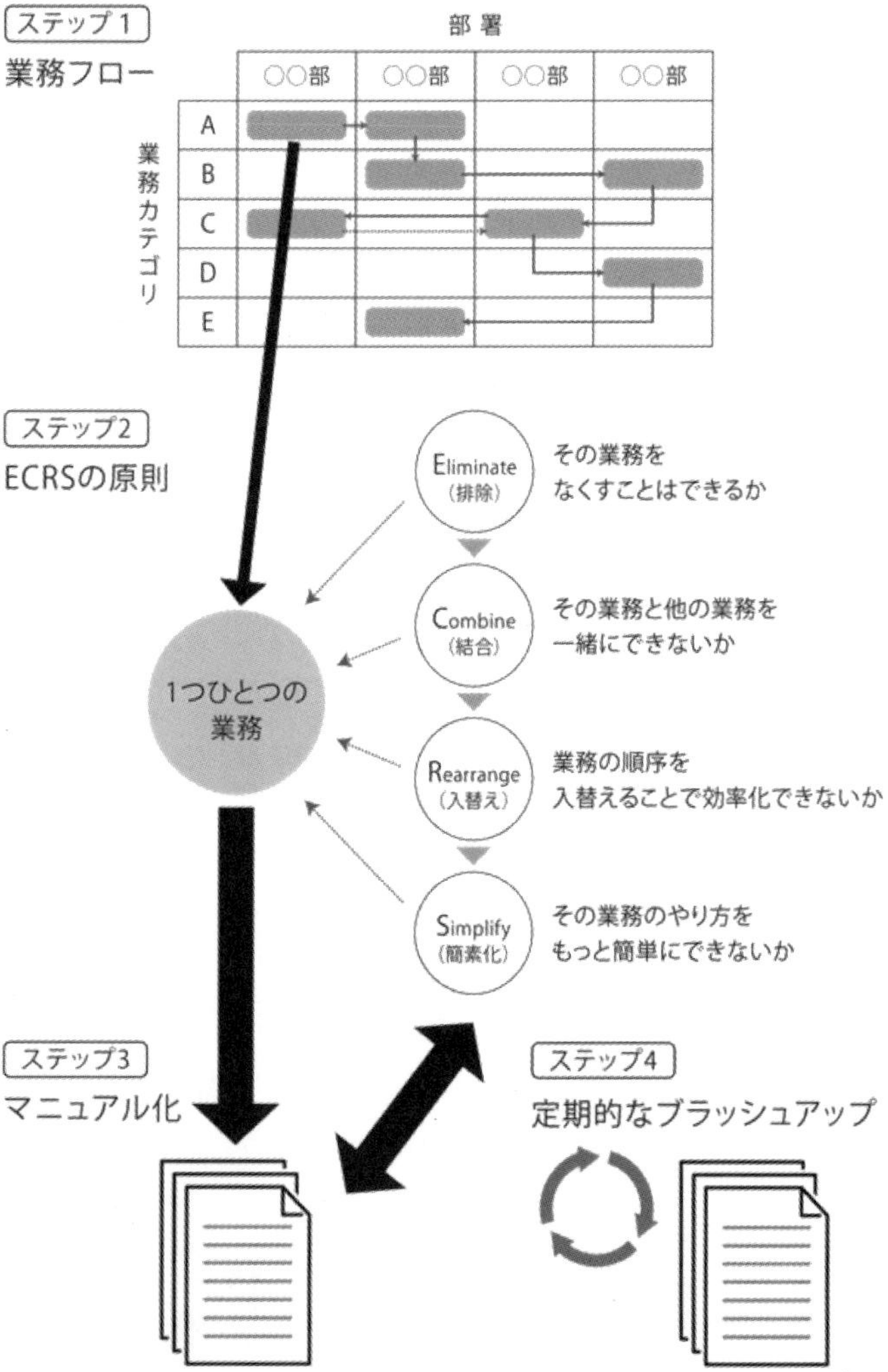
ステップ1
業務フロー
部署
○○部
○○部
○○部
○○部
業務カテゴリ
A
B
C
D
E
ステップ2
ECRSの原則
1つひとつの業務
Eliminate（排除）
その業務をなくすことはできるか
Combine（結合）
その業務と他の業務を一緒にできないか
Rearrange（入替え）
業務の順序を入替えることで効率化できないか
Simplify（簡素化）
その業務のやり方をもっと簡単にできないか
ステップ3
マニュアル化
ステップ4
定期的なブラッシュアップ

その分野においてプロフェッショナルであるため、長らく培ってきた「経験と勘」によって様々な問題を解決してきた人ほど「マニュアルなんか必要ない」「マニュアルなんかでは様々な物事に柔軟に対応できない」と軽視しがちなのです。

また、マニュアル嫌いな人は「上司や先輩の後ろ姿を見て学べ」「教えてもらうのではなく目で見て盗め」など、自分自身が上司や先輩から教育されてきたプロセスがそのようなものだったため、「自分は丁寧に教えてもらえなかった」などの感情面、またそれが自身としても今の自分を築き上げてきた「勲章」であり、成功体験に繋がっていることなどから「マニュアルなんてもってのほか」と、マニュアルアレルギーになっている傾向が強いです。

ナレッジマネジメント

もちろん優秀な社員の方の「経験と勘」も重要なのですが、それのみでは組織全体に共有化されず、「個人の暗黙知」として終わってしまい、せっかくのノウハウが継承されていきません。

また、経験と勘で社員を教育していくと、育つ社員と育たない社員のバラつきが出たり、育った社員がなぜ育ったのかの「再現性」が低くなります。

そのようなことを避けるためにも、優秀な社員の「経験と勘」である「個人の暗黙知」を組織全体へ共有することで、ノウハウが継承され、社員が確実に育つような再現性の高い仕組みにしていく必要があります。

そのような考え方が「ナレッジマネジメント」であり、代表的なものとして「SECIモデル」があります（図表36）。

SECIモデルとは、従業員の知識や技能の中から「暗黙知」を組織的に管理し、必要に応じて「形式知化」する、という理論であり、言語化や伝授するのが難しい「暗黙知」を言語化して「形式知」へと変換することで、他人や組織全体へ有効なノウハウ共有・浸透され、かつ新しい「知」が生まれる、という考え方です。

図表36にもある「表出化」が暗黙知を形式知へ変えるプロセス、つまり優秀な社員の言語化が難しいノウハウをマニュアル化するところであり、これによって暗黙知が全社共有され、組織全体がレベルアップしていくのです。

スキルの見える化

業務標準化やマニュアル化に伴うナレッジマネジメントをしていく中で、スキルを「見える化」していくことも重要です。

スキルを見える化するということは、先述したSECIモデルでいう「暗黙知」となっている業務を遂行するうえで必要なスキルを言語化すると共に、社員1人ひとりがどのスキルをどれくらいのレベルで保持しているか、が一覧化されるということです。

このスキルの見える化によって、スキルの高い人が行っている業務を「感覚」ではなく「論理」

【図表 36　SECI モデル 4 つのプロセス】

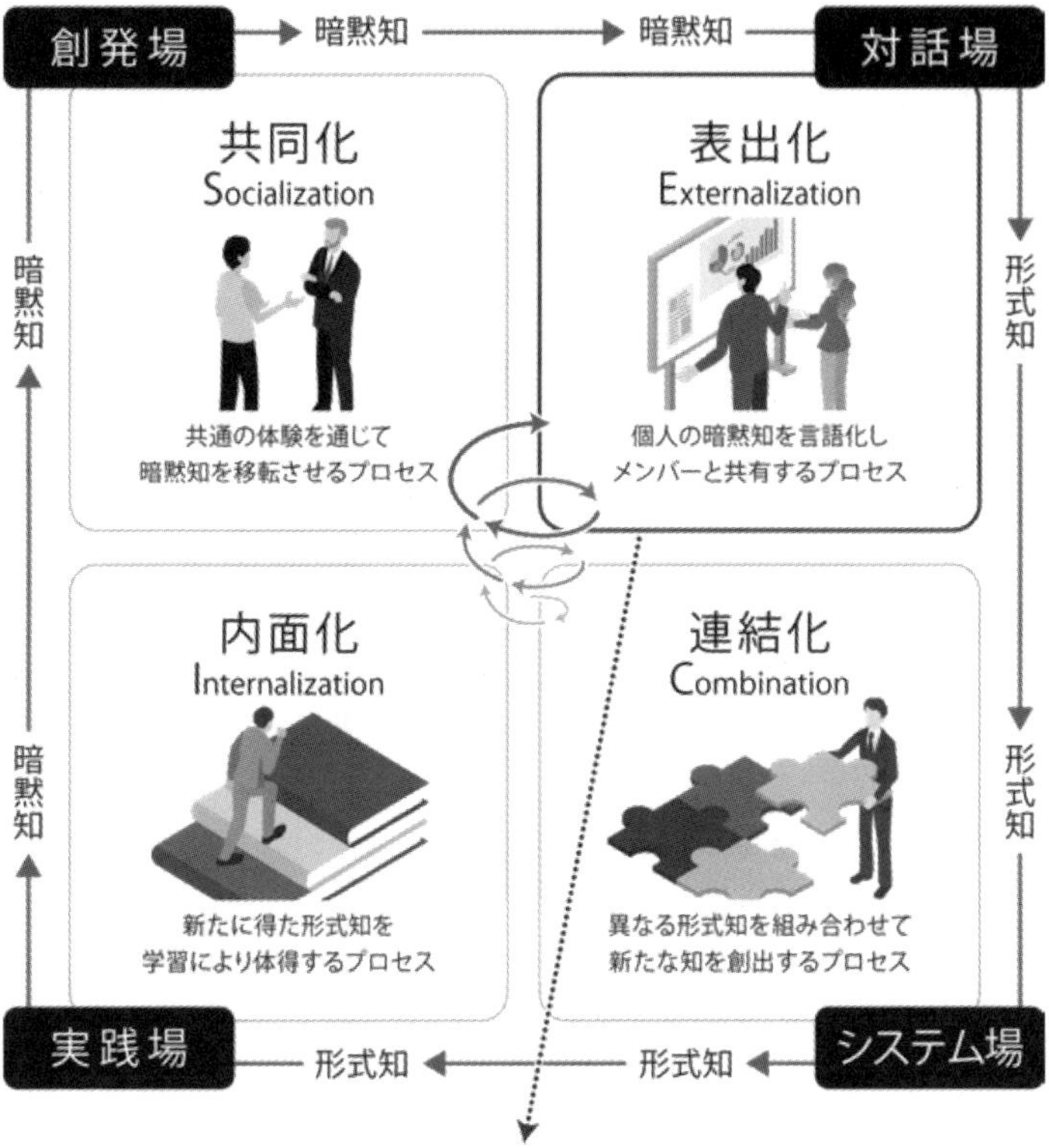

暗黙知としてのノウハウを言語化する
「表出化」こそがマニュアル化の位置となり、
これによってノウハウが全社に落とし込まれ、
組織がレベルアップする。

として共有でき、社員1人ひとりのスキルアップ、ひいてはそれが会社全体のスキルアップへと繋がっていきます。

また、社員個人としても自身がどのスキルをどれくらいのレベルで保持しているかが見える化されるため、次はどのスキルを習得していくか、という目標や課題が明確になると共に、習得したスキルが目に見えて増えていくので「自己効力感」や「内発的動機づけ」が醸成されていきます。

これら多くの効果が見込めることから、業務の標準化やマニュアル化を進めていくうえでスキルの見える化は必須といえます。

スキルマップの作成

これら多くの効果が見込めるスキルの見える化をするために「スキルマップ」「スキル表」「力量表」などと呼ばれるものを社内で作成していきましょう（図表37-1・図表37-2）。

図表37-1・2にもあるように、スキル項目を分類ごとに抽出し、社員1人ひとりがそれらのスキルをどのレベルで保持しているかをプロットしていきます。

レベルの表記の仕方は企業、業種、職種などによって様々ですが、「◎」「○」「△」などの記号でレベル差の定義を決めて表記する場合もあれば、「4」「3」「2」など数字でレベル差を定義する場合もあります。また、数値で表すことが可能なスキルに関してはなるべく数値化することを推奨します。

【図表 37-1　スキルの見える化】

スキルマップ例（製造業）

中分類	能力の細目	到達水準	関連資格等	ABC分類	氏名	氏名	氏名	氏名
					15	10	8	7
					98%	70%	37%	50%
NC旋盤	作業者スキル率＝［（1+2+3+4）/5］×100（%）				80	60	60	80
	・NCプログラムを作成することができる	NC旋盤による加工ができること	NC旋盤2級		●	●	●	●
	・シミュレーションソフトによりプログラムをチェックすることができる				●	×	×	●
	・ドライランによりプログラムをチェックし加工することができる				●	●	●	●
	・加工後に寸法精度や形状精度等を評価することができる				●	●	●	●
マシニングセンタ	作業者スキル率＝［（1+2+3+4）/10］×100（%）				90	10	0	82
	・NCプログラムを作成することができる	マシニングセンタによる加工ができること	NCフライス盤2級 マシニングセンタ2級		●	×	×	○
	・シミュレーションソフトによりプログラムをチェックすることができる				●	×	×	○
	・ドライランによりプログラムをチェックし加工することができる				●	×	×	●
	・加工後に寸法精度や形状精度等を評価することができる				●	×	×	●
	・上記項目を小型3軸MCで作業できる				●	×	×	●
	・上記項目を小型5軸MCで作業できる				●	×	×	●
	・上記項目を中型3軸MCで作業できる				●	×	×	●
	・上記項目を中型5軸MCで作業できる				●	×	×	●
	・複合加工機で作業できる				●	●	×	●

【図表37-2　スキルの見える化】

スキルマップ例（整骨院）

no.	業務工程	作業名	作業詳細	店舗A			
				院長	スタッフ	スタッフ	受付
				氏名	氏名	氏名	氏名
4	施術	オペレーション	待合状況、予約状況、施術状況等を考えて的確にオペレーションできる	4	2	2	2
		物療	各種物理療法についての効果と禁忌について説明できる	4	2	3	2
			所定の部分に低周波及び各種器具を安全適切に使用、つけ外しできる	4	3	4	3
		手技	手技についての効果を説明できる	4	3	3	1
			安全な施術ができる	4	4	4	1
			各患部に適切な刺激を入れられる	4	4	4	1
			決められた時間内に施術を完結できる	4	3	4	1
		鍼	鍼治療の効果、リスクについて説明理解できる	4	4	4	1
			安全な鍼治療が行える	4	4	4	1
			狙った部分に正確に刺鍼できる	4	4	4	1
			所定の時間内に施術ができる	4	4	4	1
		矯正	矯正の効果、禁忌及び身体の歪みを正確に把握、説明できる	4	4	4	1
			ブロックを的確にセットできる	4	4	4	1
			骨格矯正を安全に正確に行える	4	1	1	1
			各種矯正治療を時間内に行うことができる	4	4	4	1

スキルマップなど、スキルの見える化によって業務標準化、
ナレッジマネジメントが進み、組織全体のスキルアップに繋がる

このような形で一覧化されることで、社員個人としては「次はこのスキルをレベル3から4までに上げていこう」など目標が明確になり、また、スキルが見える化・言語化されているため業務標準化もスムーズに進み、「だれが何をどれくらいできるか」が社内管理できるため、業務や教育担当を割り振る際にも役立ちます。

スキルマップの作成についても特定の社員のみが担当するのではなく、プロジェクトとして立ち上げ、より多くの社員を作成のプロセスに携わらせることで、自社のナレッジマネジメントが加速していき、業務標準化においても効果的に進めることができます。

マニュアル化のメリット

他にもマニュアル化することによるメリットは非常に多く、まずマニュアル化することで「仕事品質の標準」が定まるため、仕事品質の改善が効果的になされていきます。

何事も改善は「基準」があってこそできるものであるため、逆にいえばマニュアル化されていないものは改善が捗らず、仕事の品質が上がっていきません。

また、マニュアル化することで、社員が1つひとつの業務に対して「目的」を理解することができます。目的を理解していない状態で仕事をすると、社員が「何のために」仕事をしているのかがわからず、受け身の姿勢で仕事に取り組むようになってしまいます。

反対に目的を理解して仕事に取り組むと、能動的な姿勢が増えていき、小さな業務1つに対しても高い精度で遂行するようになります。

もちろんマニュアル化されてなくとも、社員に1つひとつの業務における目的を理解させることはできるのですが、個人の「経験と勘」による指示では、指示する社員によってその仕事の目的を伝えていたり伝えていなかったりと「バラつき」が出てしまうことが往々にしてあります。

よく「マニュアル化すると応用が利かない社員に育ってしまう」「マニュアル以上のことをやらない社員になってしまう」という考えの方も多くいますが、それはマニュアルのつくり方が悪いからといえます。

まず、マニュアルをつくるプロセスとしては、特定の社員がつくるのではなく、なるべく多くの社員を交えてつくることが必要です。

そのプロセスによって、マニュアルの内容の意味を正しく理解している社員を増やすことができ、結果的にそれが全社へマニュアルの意味を浸透させることに繋がります。

マニュアルによって社員が育っていないと感じる会社は、特定の社員が作成したマニュアルを渡され、意味を正しく理解していない社員がそのマニュアルをもとに社員へ教える、というプロセスや、社員にマニュアルを渡して「これ読んでおいて」と言うだけで終わるプロセスを踏んでいる場合が多く、それにより「応用の利かない社員」や「マニュアル以上のことをしない社員」を育ててしまっているのです。

さらにいえば、マニュアルのアウトプットとしても「基礎編」はもちろん「応用編」としてイレギュラー対応の仕方までを、過去のケーススタディーからマニュアル化して落とし込みを行えば、一概に「応用の利かない社員」にはなりませんし、「この業務を終えたら次に○○を」「時間内終了した場合の次の行動」のようなところまでアウトプットすることで「マニュアル以上のことをやらない」という社員は生まれにくくなります。

前半でお伝えしたメリットからも多くの効果があるため、「マニュアルが悪い」のではなく「マニュアルのつくり方が悪い」という思考で取り組むべきなのです。

「だれにでもできる」にしないと組織リスクが生まれる

マニュアル化をしていない属人化された組織は中長期的なリスクが生まれやすくなります。属人化の組織においてわかりやすいのは「○○の業務はＡさんでないとできない」という「人に仕事がつく」状態です。

社員個人の目線からするとその状態は「会社の中における自分の存在価値」になっているため、問題があるどころかその状態をキープしようと考える社員もいます。

会社目線がある、視座の高い社員であればそのような状態を憂い「私がいなくてもだれでもできる状態にしないとマズい」と感じ、標準化・マニュアル化を個人的に進めていくのですが、実際にはそうではない社員のほうが圧倒的に多いのです。

そのような社員が「自分にしかこの仕事ができない」という状態が続くと、社内で変な「力」を持ってしまうようになります。

わかりやすいよくある例としては、創業オーナーがいたときは言うことを聞いて実直に働いていた社員が、二代目社長に代わった途端、「自分にしかこの仕事はできない」ということを武器として、二代目社長に物言うようになったり、反対意見を言ったり「私を辞めさせられるもんなら辞めさせてみろ」と言わんばかりに力関係が逆転してしまうという現象です。

特に二代目社長で社員にあまり強く言えない性格の方だったり、その会社における実務経験が浅い状態の場合は、そのようなベテラン社員がいなくなると困る状態になってしまっているため起きてしまう現象です。

ひどい場合はそのような社員が派閥をつくりはじめ、二代目社長に対して楯突いたり、社員の無理な要望を通すよう仕向けてきたり等、組織としてのリスクが肥大化してしまう場合もあります。

さすがにそこまでは極端な例かもしれませんが（実際にそのような会社も見てきましたが）、いずれにしても「〇〇さんにしかできない」「私がいないとこの会社は困るでしょ」というのは組織リスクが高い状態であるため、第二創業組織をつくるにあたっての仕組み化は必須だといえるでしょう。

マネジメントの仕組み②／役割と責任と権限の言語化

つくるべきマネジメントの仕組みの2つ目は「役割と責任と権限の言語化」です。多くの中小企業の場合、これらが「何となくわかっているけど不明瞭」という会社がほとんどであり、創業オーナーがいる時であればこの辺りが不明瞭だったとしても会社は回っていましたが、創業30年の壁を超え、創業オーナーがいなくても回る会社をつくっていくためには、しっかりと言語化して仕組み化する必要があります。

役割については、部署単位で構成するメンバーの役割を一覧にし、どの業務をだれが役割として担うのかを明確にしていきます（図表38）。

特に中小企業の場合は、１人が何かしらの役割を専任するということは少なく、ほとんどの社員がマルチタスクとなっているため、図表38にもあるように必要に応じて役割ごとの業務ウエイトを数字で表現することを推奨しています。

役割が明確に言語化されることで、社員自身により高い当事者意識が芽生えると共に、あいまいさがなくなることで、やるべき業務がクリアになります。

また、責任と権限においては、職務レベルに合わせた形で責任と権限を一覧化し、「提案」「確認」「承認」「決裁」など、「○」「●」などの記号で表現することで役職ごとの職務における権限を明確にしていきます。

このような形で、「何となくわかっているけど不明瞭」という状態ではなく、役割と責任と権限を言語化し、社員にしっかりとした形で共有することで、創業オーナーがいなくても回る会社をつくるための仕組みとなるのです。

【図表38　役割と責任と権限の言語化】

役割分担表イメージ

氏名		A	B	C	D	E
役職				主任	係長	課長
部署		総務人事	総務人事	総務人事	総務人事	総務人事
○○○○○						
1	○○○○○	50	50			
2	○○○○○		30	70		
3	○○○○○	80		20		
4	○○○○○	80			20	
△△△△△						
1	△△△△△		50	50		
2	△△△△△				30	70
□□□□□						
1	□□□□□				20	80
2	□□□□□				50	50
3	□□□□□			20	20	60

責任と権限の一覧表イメージ

職務		権限					備考
職務権限／責任	権限事項	主任	係長	課長	部長	取締役	
○○○○○	○○○○○	○	●	◎			
	○○○○○		○	●	◎		
△△△△△	△△△△△			○	●	◎	
	△△△△△			○	●	◎	
	△△△△△		○	●	◎		
	△△△△△		○	●	◎		
□□□□□	□□□□□	○	●	◎			
	□□□□□	○	●	◎			
	□□□□□			○	●	◎	

マネジメントの仕組み③／評価と報酬の明確化

つくるべきマネジメントの仕組みの３つ目は「評価と報酬の明確化」です。中小企業の多くは評価と報酬が明確になっていません。

実際に、帝国データバンクの「中小企業実態調査委託費 中小企業の経営力及び組織に関する調査研究報告書」によると、企業規模によって差はありますが、全体としては人事評価制度が「ある」と回答した企業が57・８％に対し、「ない」と回答した企業が42・２％と、半数近くが「自社に人事評価制度がない」と回答しており、また、株式会社エックスラボの経営者５００人への調査では、「現在、人事評価制度はありますか？」という質問に対して、こちらも企業規模によって差はありますが、「ある」と回答した経営者が37・８％に対し、「ない」という回答は55・４％と半数以上の結果になっています（図表39）。

多くの中小企業の場合、明確な人事評価制度がなくとも、創業オーナーが全社員を見ることができているため「鉛筆をなめて」評価をしても問題がない、という傾向が高いです。

実際には、創業オーナーが鉛筆をなめて行った評価も決して的外れなものではなく、むしろかなり正確に評価の差をつけることができているので、評価に対する社員の不満も顕在化されにくいことが多いのです。

しかし、この状態は創業オーナーが会社にいる間は続けることができますが、創業オーナーが会

【図表 39　人事評価制度の有無と企業規模の相関】

従業員規模別に見た、人事評価制度の有無

		合計	人事評価制度の有無	
			ある	ない
全体		426.7 100.0	2489 57.8%	1815 42.2%
従業員区分	5〜20人	1383 100.0%	484 35.0%	899 65.0%
	21〜50人	1277 100.0%	731 57.2%	546 42.8%
	51〜100人	917 100.0%	665 72.5%	252 27.5%
	101人以上	690人 100.0%	602 87.2%	88 12.8%

〔出典〕帝国データバンク

現在人事評価制度はありますか？

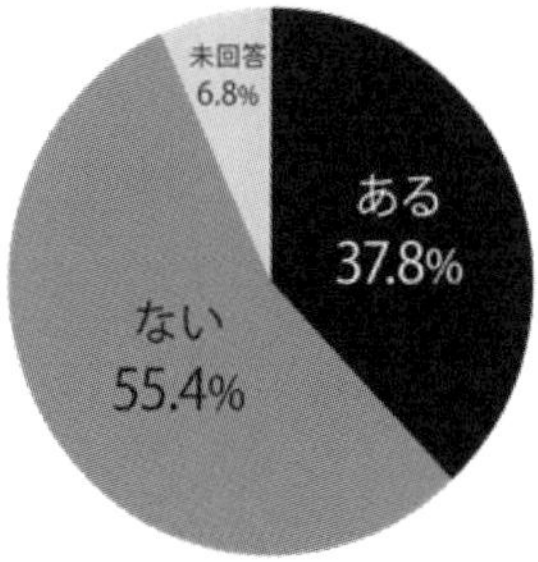

〔出典〕株式会社エックスラボ

人事評価制度を『導入している』企業の内訳を分析

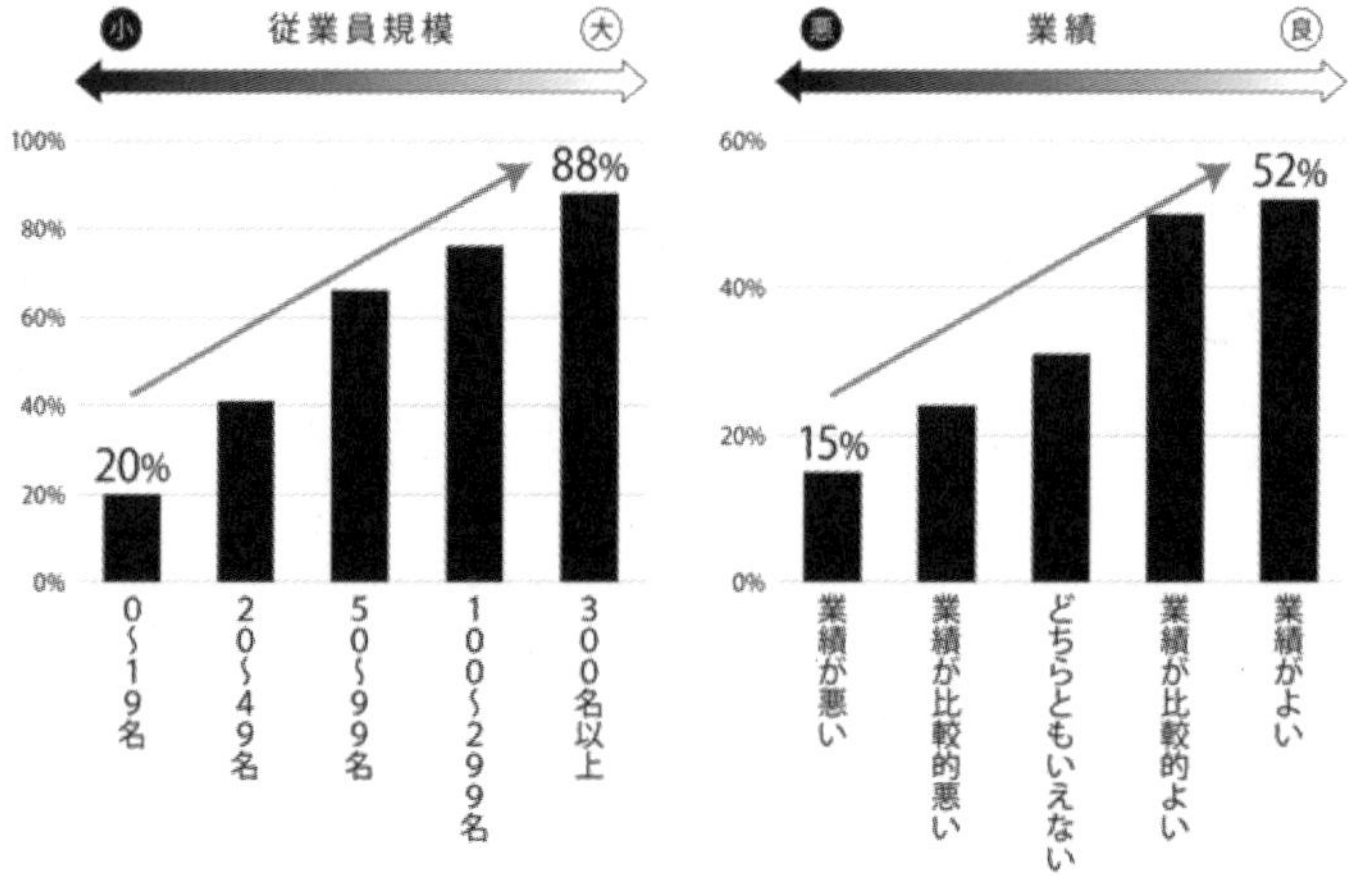

〔出典〕株式会社エックスラボ

社からいなくなるとそうはいきません。

そもそも潜在的にあった「評価の基準が不明確」という社員の不満が、創業オーナーがいなくなると途端に噴出することも珍しくないのです。

正確な評価よりも明確な評価

先述しましたが、中小企業の場合、社員が1つの仕事に専任できる状況は少なく、多くの社員がマルチタスクな働き方を余儀なくされています。

加えて職種によって仕事の種類やレベル、特徴なども異なるため、そもそも「１００％正確な評価」というものは不可能です。

それよりも多くの社員が気にすることは「評価の基準が明確」であるかどうかです。

実際に様々な企業が「自社の人事評価制度に対する不満」を調査していますが、ほぼすべての回答の1位が「評価の基準が不明確（あいまい）」なのです（図表40‐1・図表40‐2）。

人事評価制度があるにも関わらず「評価の基準が不明確」というものに関しては、制度の設計自体に問題があるでしょうし、また、そもそも人事評価制度がないために「評価の基準が不明確」という回答になっているものも一定数あるでしょう。

つまり人事評価制度において重要なのは「正確な評価」よりも「明確な評価」であり、特に現時点で人事評価制度がない会社においては、創業オーナーがいなくても回る会社にするために、マネ

【図表 40-1　人事評価制度の不満理由】

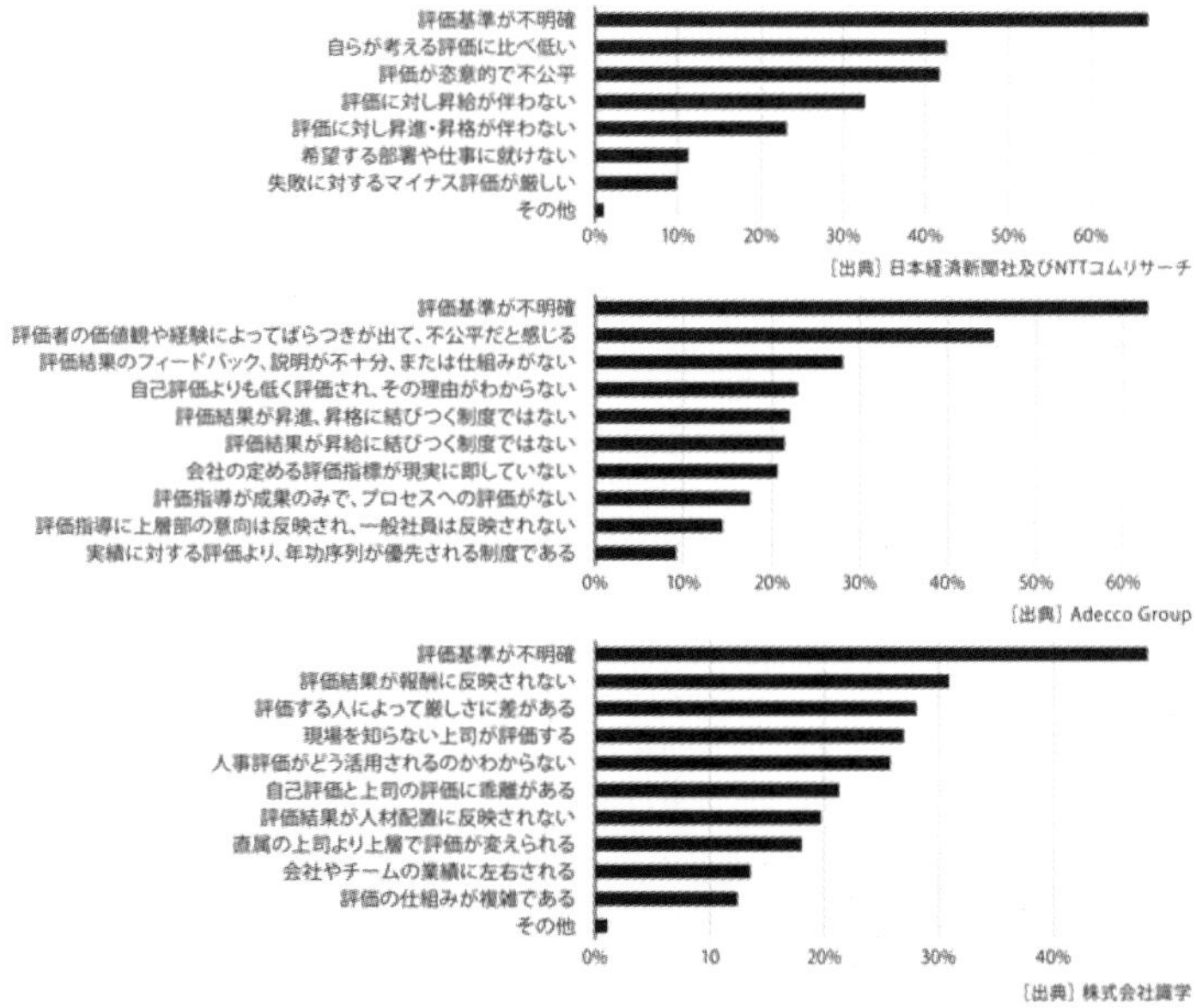

〔出典〕日本経済新聞社及びNTTコムリサーチ

〔出典〕Adecco Group

〔出典〕株式会社識学

【図表 40-2　人事評価制度の不満理由】

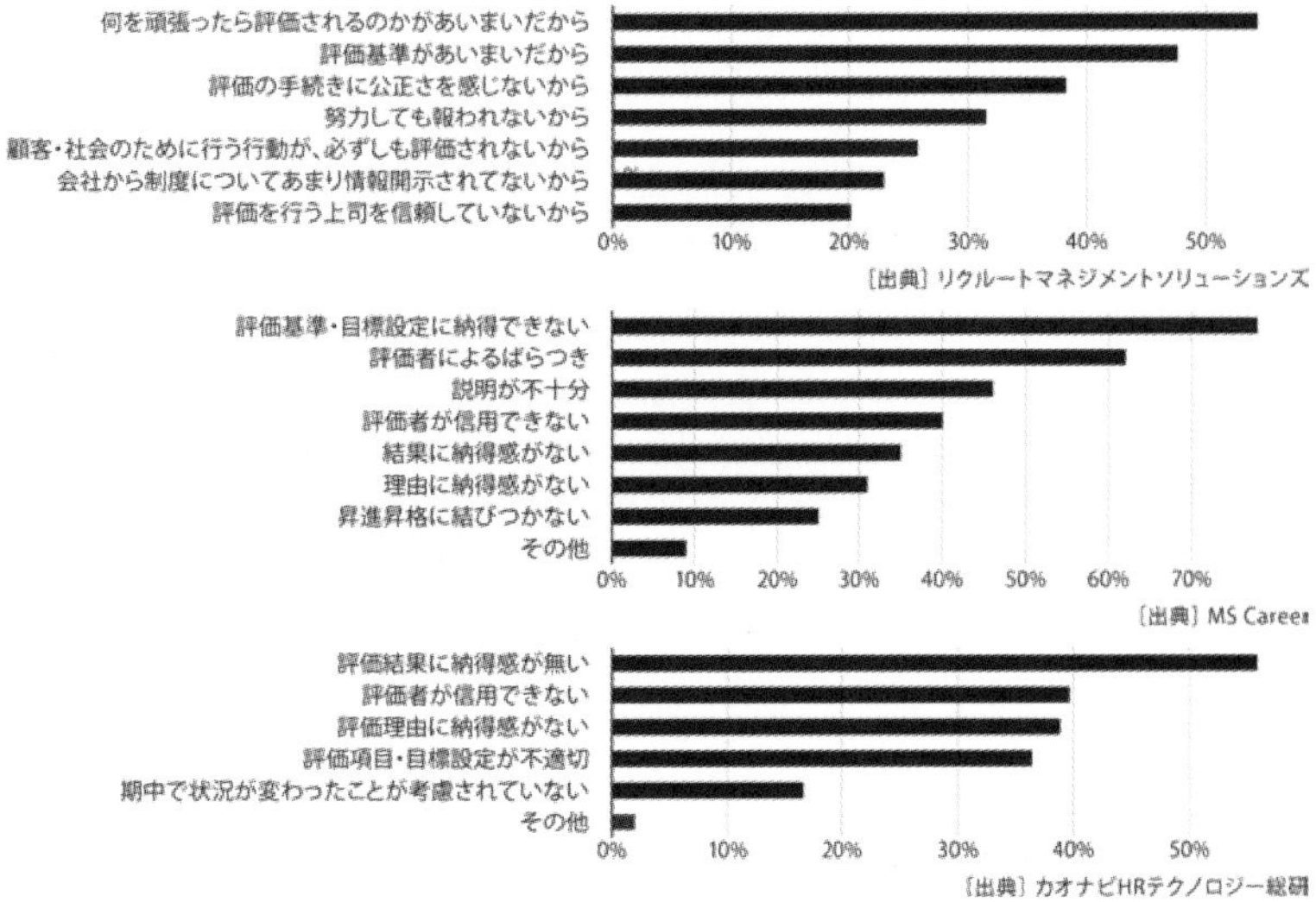

[出典] リクルートマネジメントソリューションズ

[出典] MS Career

[出典] カオナビHRテクノロジー総研

ジメントの仕組みとしてつくらなければいけないものなのです。

評価の「Why」をつくる

評価の仕組みをつくるにあたって、最初にやるべきことは要諦①でも出てきた「Why」をつくることです。

要諦①でお伝えした「Why」は企業としての理念でしたが、ここにおける「Why」は評価における「Why」であり、つまり「評価理念」という意味合いです。

自社にマッチして、かつブレない人事評価制度をつくっていくための根幹として「ウチの会社は○○ような社員を評価する」という軸が必要です。

この軸こそが「評価理念」であり、要諦①でもお伝えしたように理念として言語化をしていくことが最初のステップです。

評価理念があることで、トップがだれであろうと、また評価者がだれであろうと評価する価値観を保てることで、評価のバラつきを抑えることができます。また評価理念があることで、社員から見ても「○○という社員が評価される人」「○○という行動をすることが正」ということが明確になるため、自身が日常的にどのような判断軸で仕事や行動をすればよいのかがわかりやすくなり、それが成長・成果に繋がっていきます。

これらのような効果を生み出すためにも、まずは評価の「Why」をつくっていきましょう。

評価理念の企業例

評価理念の表現はどのようなものか、実際の企業例をいくつかご紹介いたします。まずは日本でも有名な企業の１つであるソフトバンク株式会社の事例です。

ソフトバンクは評価理念という言葉は使っていませんが、会社として大切にすべきポリシーを定め、様々な人事施策を推進するために「人事ポリシー」として４つ定めています。

その４つのうちの１つがここでいう「評価理念」のカテゴリーに該当していると思ったのでご紹介させていただきます。

『実力と成果』に正しく応える』これを見出しとして、補足文が以降に記載している、という構成です（図表41）。

２０２３年に8年ぶりに見直されたようで、この言語化されたものを見れば、ソフトバンクがどのような人材を評価するかが明確にわかると思います。

もう1社、当社の顧客である株式会社万福の例をご紹介します。万福においては人事ポリシーの中に「評価方針」とカテゴライズさせ、４つの方針を打ち出しています。

図表41をご覧いただければわかるように､ソフトバンクの「成果主義」のような表現とは異なり、成果よりもプロセスを重視、そして理念に沿った行動や人材育成に尽力した社員を評価する、という方針になっています。

【図表41　評価理念の企業事例】

ソフトバンク株式会社

①「進化し続ける組織」の実現

持続的な事業成功のために、慣習や前例に捉われず新しいアイデアや手法を追求し続け、
全員が変化を楽しみ、目標に向かって突き進む。
そんな「進化し続ける組織」を実現します。

②「挑戦と成長」を後押し

失敗を恐れずに、どんどん挑戦してほしい。新たな挑戦によってキャリアが広がり、
個人の成長は会社の成長にもつながる。
自らの成長に向けて誰もが挑戦できる機会をガンガン創出します。

③「実力と成果」に正しく応える

実力と意欲があれば、活躍の場は無限大。
年齢・性別・国籍・学歴なんて関係ない。実力に応じた機会を提供し、
活躍に応じた成果に向き合い正しく応えます。

本書でいうところの
評価理念のカテゴリ

④「多様な人材がイキイキ働く」環境作り

多様な人材がさまざまなライフスタイルを実現しながら、
生産性・モチベーション高く働いてほしい。継続的な事業の成長・成功を実現するために、
従業員が常に元気で活力にあふれた集団を目指します。

株式会社 万福　（当社の顧客企業）

評価方針

・万福は、経営理念を大切にし、実践している社員を評価します。
・万福は、成果に向けて正しいプロセスを踏んだ社員を評価します。
・万福は、部下・後輩の育成に尽力している社員を評価します。
・万福は、会社の品質を損なう行動をする社員を評価しません。

これは表現としてどちらがいい悪いということではなく、企業ごとの業種や風土、文化によって表現は異なってくるものだということです。

ソフトバンクはビジネスとしても人材採用としても、成長志向でグローバル展開している企業だからこその表現であるのに対し、万福の場合は中学校給食・幼稚園給食・保育園給食を中心とした給食企業であるため、もちろん成果も大事なのですが、それよりも理念に沿った行動を含めた「成果に至るまでの行動」や、人材育成への尽力が重要という評価方針になっているのです。まさに企業の特色がここには出るのです。

ちなみにソフトバンクは2023年に8年ぶりに人事ポリシーを見直したとお伝えしましたが、これは「人的資本の開示の義務づけ」「コロナ禍によるリモートワークの普及」「就労観の変化」「テクノロジー活用の加速」といった環境の変化、またZ世代と呼ばれる上下関係を好まず、自己実現・社会貢献欲求が高い世代の「価値観の違い」などの状況変化も踏まえて、表現やニュアンスを変えたほうが社員の納得感が高まるだろうという意図で、本質的な内容は変えないながらも世の中から見て「ソフトバンクはこういう人事ポリシーにもとづいて社員のことを考えているんだ」と伝わりやすいものに変更したという経緯があります（図表42）。

このように評価理念を考えるうえでは、自社のビジネスモデルや社員がつくり出している風土、文化、そして内部環境、外部環境の変化に伴い、未来へ向けて変えていきたい、変えなければいけない部分などを鑑みて表現をしていきましょう。

【図表42　ソフトバンクの人事ポリシー】

旧：2015年

❶「勝ち続ける組織」の実現

300年続く企業になるために、「勝ち続ける組織」を実現します。

決して大企業病になってはダメ。永遠のベンチャーマインドを持ち続け、全員が変化を楽しみ、ワクワクしながら、目標に向かって進む。そんな活力あふれる組織を追求し続けます。

❷「挑戦する人」にチャンスを

自らの成長に向けて挑戦する人を本気でバックアップします。

チャンスをつかむのは自分次第。失敗を恐れずに、どんどん挑戦してほしい。

個性あふれる人材が集い、切磋琢磨し、挑戦する人が成長できる機会をガンガン提供し続けます。

❸「成果」に正しく報いる

仕事の成果に正しく報います。実力と意欲があれば、活躍の場は無限大。

年齢・性別・国籍・学歴なんて関係ない。がんばって活躍したら、活躍した成果の分、きちんと報います。

⇩

新：2023年

①「進化し続ける組織」の実現

持続的な事業成功のために、慣習や前例に捉われず新しいアイデアや手法を追求し続け、
全員が変化を楽しみ、目標に向かって突き進む。そんな「進化し続ける組織」を実現します。

②「挑戦と成長」を後押し

失敗を恐れずに、どんどん挑戦してほしい。新たな挑戦によってキャリアが広がり、
個人の成長は会社の成長にもつながる。自らの成長に向けて誰もが挑戦できる機会をガンガン創出します。

③「実力と成果」に正しく応える

実力と意欲があれば、活躍の場は無限大。年齢・性別・国籍・学歴なんて関係ない。

実力に応じた機会を提供し、活躍に応じた成果に向き合い正しく応えます。

④「多様な人材がイキイキ働く」環境作り

多様な人材がさまざまなライフスタイルを実現しながら、
生産性・モチベーション高く働いてほしい。継続的な事業の成長・成功を実現するために、
従業員が常に元気で活力にあふれた集団を目指します。

外部環境や内部環境、価値観などの変化によって、
①〜③は表現やニュアンスを変更し、④を追加することで、
より社員の納得感が高まるような狙い

評価理念のつくり方

それでは実際に評価理念をどのようなプロセスでつくっていくかをお伝えしていきます。まず会社としての理念をつくるプロセスと同じように、経営者1人ではなく、選抜したメンバーと共に考えることを推奨します。

この意味合いも同様に、メンバーがつくるプロセスに携わることで、この理念をより深く理解すると同時に、また全社に浸透させる役割としてもそのスピードと深さが増すためです。

メンバーと共に考えるにあたっても会社の理念と同様、いくつかの問いに対してメンバー1人ひとりが付箋に単語やキーワードを書き出してシェアをする形で進めていきます。

問いに関しては、例えば「自社で評価される社員はどのような行動をしている社員か」や、反対に「自社で評価が低くなってしまう社員の行動は何か」など、より具体的に単語やキーワード、ワンセンテンスで表現していきます。

特に「自社で評価される行動」に関しては、実際に社内で活躍している社員をロールモデルとして置きながら考えてみてもいいかもしれません。

また「今はやっていない、できていないが、将来的に評価される行動は何か」のような、現在ではなく自社の将来のビジョンに向けて必要な要素を洗い出すのもおススメです。

これらの問いに対して、1人ひとりが案出しをしたキーワードをもとにディスカッションし、評価理念の表現を形づくっていきます。

ここで案出しをしたキーワードは、後に評価項目を設計していく際にもヒントになるので、なるべく多く案出しをして保管しておきましょう。

5年後の組織図をつくる

評価理念を形づくることができたら、次に5年後の組織図を設計していきます。5年後の組織図に関しては、要諦①の5W1Hの中で決定した「Where」のビジョンと「When」「What」「How」の戦略をベースに設計していきます。

中期的な目線として5年後にいったんマイルストーンを置き、5年後にどのような会社になっているかをビジョン、戦略と整合性の取れた組織図を描いていきます。

5年後の組織図を描くうえで最初に決めるのが組織構造モデルです。自社がビジョンへ向けて戦略を遂行するための「最適な」組織構造が、5年後は「機能別組織」なのか「事業部制組織」なのか、それとも「マトリクス型組織」なのかを決定していきます（図表43）。

ご存知の方も多いと思いますが、「機能別組織」は製品をつくる製造部門、販売を担当する販売部門、顧客を開拓する営業部門など、業務内容や機能で組織を分けることにより、仕事に特化した人員配置を行う組織構造です。

「事業部制組織」はシステム受託事業、HP構築事業、WEBマーケティング事業など、複数の

【図表 43　代表的な組織構造モデル】

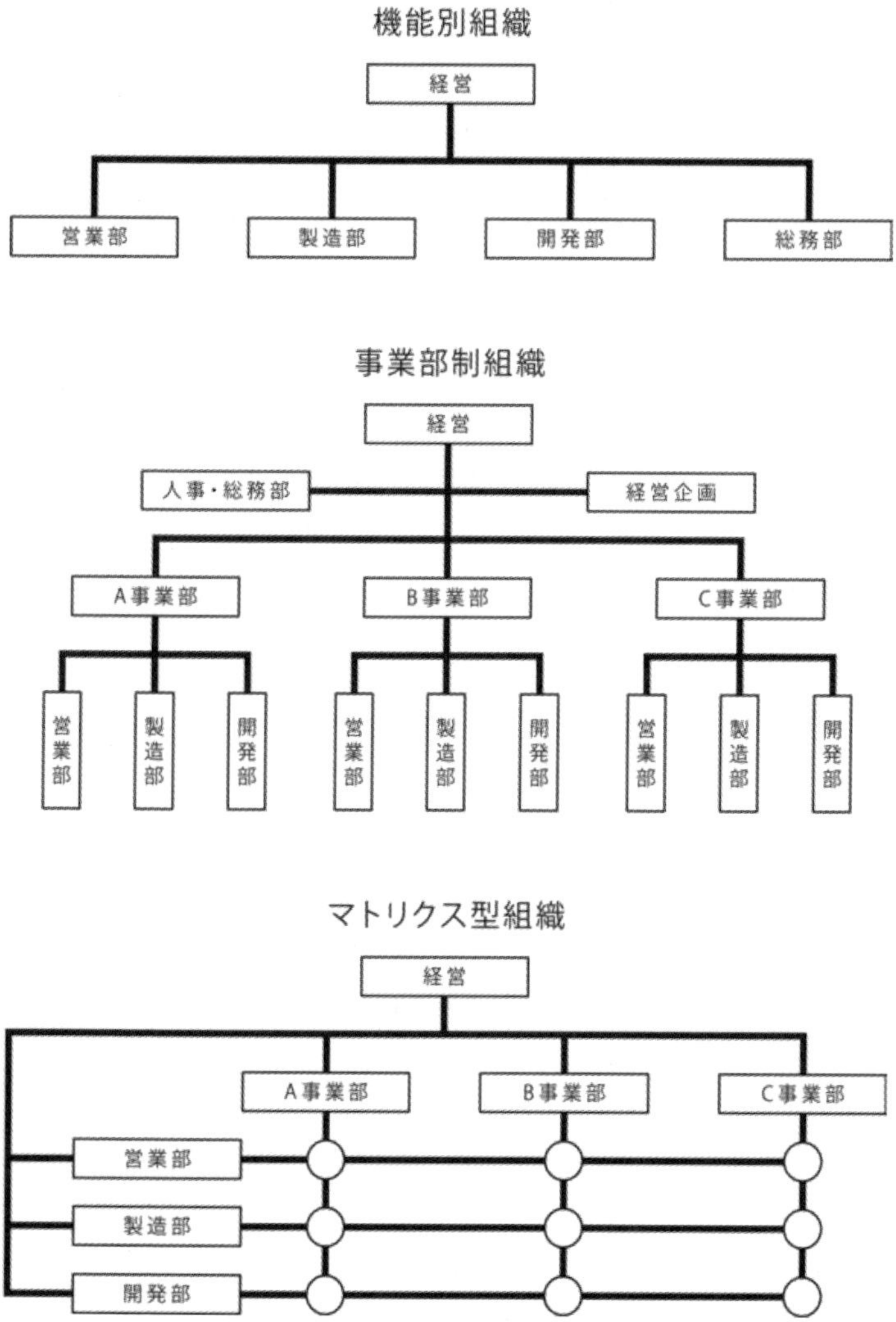

事業部を頭として、それに連なるように業務内容や機能を割り振っていく組織構造です。

「マトリクス型組織」は機能別組織と事業部制組織を組み合わせたもので、業務の重複によるコストを抑えられる仕組みを形成できる組織構造です。

例えば、中小企業のほとんどが単一事業であるため、「機能別組織」となっている会社が多いのですが、これが5年後に新規事業が1つ増えている計画を描いている会社であれば、5年後の組織構造は「事業部制組織」モデルが最適かもしれません。

これら3つが代表的な組織構造モデルですが、その他にも「チーム型組織」や「カンパニー型組織」など複数のモデルがあり、自社の5年後に向けて「最適な」モデルを選択していくことが必要であり、「創業オーナーがいなくても回る会社」になるために、どのような組織構造が最適かを決めていくことが重要なのです。

役職と人数を記載する

5年後の組織構造モデルが決定した後は、その組織図に対して役職と人数を記載していきましょう。

例えば機能別組織であれば、5年後の営業部は部長が1名、課長が2名、係長が○名…というように、具体的な構成を表現していきます（図表44）。

5年後、自社がビジョンに向けて戦略を遂行するために、最適なマネジメント構造と人数配置をイメージしながらこれらを記入することで、より5年後の組織の在り方が明確になります。

成長戦略を描いている会社であれば、人数の設定こそが、それがそのまま「人材採用計画」を逆算して作成できるベースになります。

また、実際に役職と人数を明確にすることで、社員から見ると「ポスト」が見える化されるため、社員それぞれの5年後に目指すべきキャリアもより具体的に描くことができ、内発的な動機づけにも繋がります。

これらの要素からも組織構造モデルのみではなく、5年後の組織図に役職や人数を記載することを推奨します。

さらにいえば、内発的動機づけの前段階である「離職をどのようにして防ぐか」という面でもキャリアを明確にすることが必要です。

例えば、会社評価サイト「Vorkers」に投稿された約4万件の口コミから、退職理由に関するフリーコメントを分析したところ、最も多く出現したのは「仕事」「キャリア」「環境」「成長」などの「キャリア」に関連したキーワードで、口コミの38・38%に登場していたり、Job総研の「退職に関する実態調査」で、転職経験がある20～50代の男女への「前職の退職理由」の調査では、「キャリアアップ」が51・2%で1位となっています。

他にも転職サービス「doda」の調査「転職理由ランキング」で29・4%の2位とはなりますが、「昇進・キャリアアップが望めない」が挙がるなど、キャリアの明確化の重要性がわかります。

【図表44　組織図は役職と人数を明確にする】

5年後の組織図イメージ例

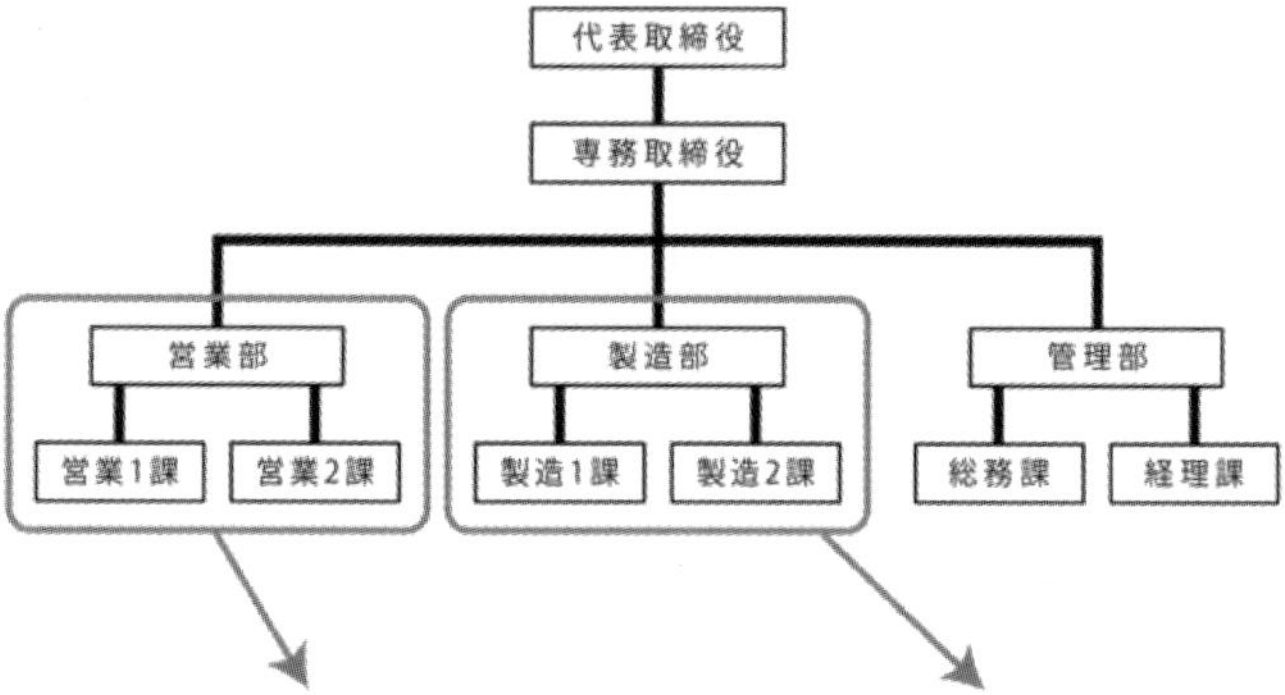

営業部		
等級	役職	社員数
7	部長	1

営業1課		
等級	役職	社員数
6	課長	1
5	係長	
4	主任	1
3		1
2		2
1		2

営業2課		
等級	役職	社員数
6	課長	1
5	係長	1
4	主任	
3		1
2		1
1		1

製造部		
等級	役職	社員数
7	部長	1

製造1課		
等級	役職	社員数
6	課長	1
5	係長	
4	主任	2
3		1
2		2
1		3
パート		4

製造2課		
等級	役職	社員数
6	課長	1
5	係長	
4	主任	2
3		1
2		1
1		3
パート		3

組織構造を明確にするだけでなく、
5年後の各機能、階層別の社員数を明確にすることで、
社員のキャリアパスの明確化にも繋がる。

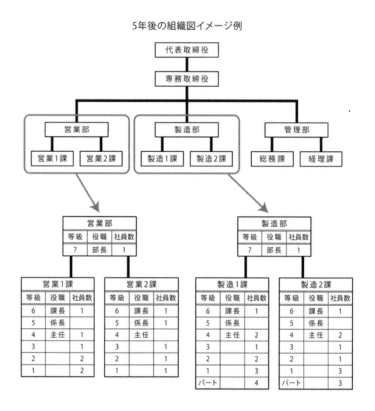

階層別人材要件を設定する

５年後の具体的な組織図ができたら、次に階層別の人材要件を設定していきます。階層別の人材要件とは、会社が各階層の社員に求める要件のことです。

わかりやすく例えると、役職ごとに求められるものを言語化する、ということで、部長に求められる期待役割は○○、スキルは○○、知識は○○、課長に求められる期待役割は…、といった形のものです。

これらを言語化し設定することで、その立場になったときにやるべきことが明確になると同時に、後述もしますが、「何ができればその役職に昇格できる」という指標にもなり、社員にとってもキャリアステップが明確になります。

大事なポイントとして、この階層別人材要件を設定する際は、現在の組織を鑑みて設定するのではなく、５年後の組織図を鑑みて設定することです（図表45）。

先述したように、５年後の組織図は現在の組織図とビジョンや戦略によって大きく異なる場合があり、異なるものは組織構造モデルだけではなく、１人ひとりの社員に求められる「レベル」にもいえるはずです。

つまり「現在の部長に求められる役割やスキルは○○だけど、５年後の部長レベルに求められるのは○○だ」という目線で設定する必要があるのです。

【図表 45　5 年後の組織図を見ながら階層別人材要件】

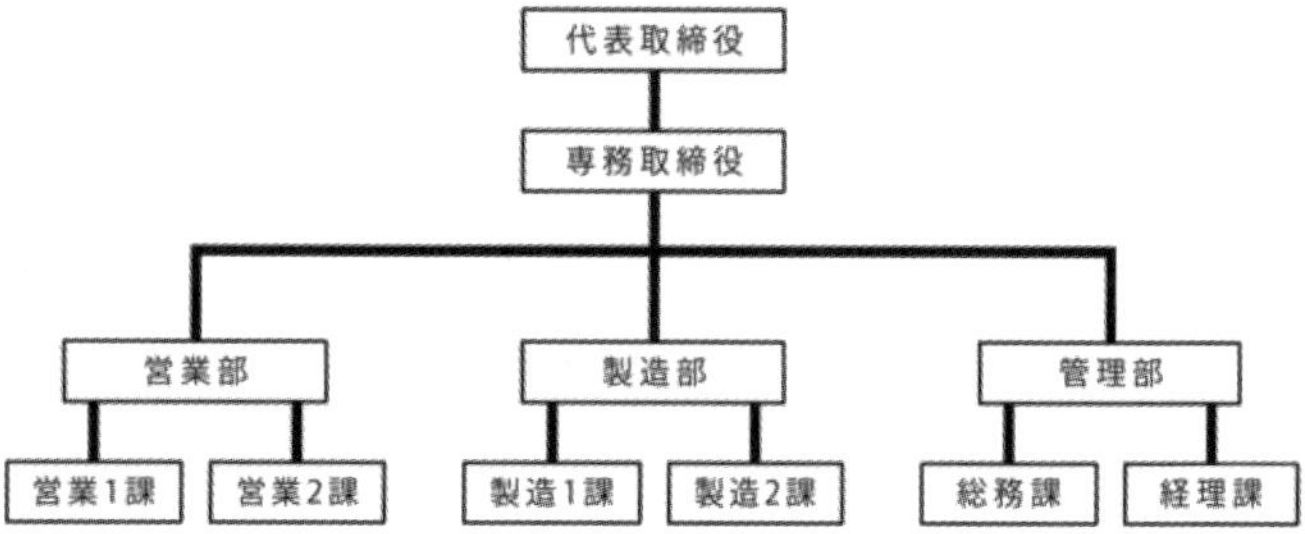

役職		課長	係長
期待役割		目標を設定し計画を立て、関連する部門や人材をマネジメントしながら結果を出す。 その過程において人材の能力向上を図り、教えて育てる。 会社全体の課題について上長を補佐し、また自身に任されたプロジェクトを完遂する。 組織構成を合理的に構築し、合理的な判断を下すことができる。	特定の分野において専門性を発揮し、組織や上長の指示を待つことなく、主体的に問題解決を図ることができる。 また、優れた数値感覚を持ち売上・利益・原価に対して適切な対応を取れる。 職場の課題、後輩の育成についても解決手法を提案できる。 周囲を前向きに巻き込むことができ、後輩を導くことができる。
保有している能力		・計画立案　・判断 ・進捗管理　・利益志向（上級） ・人材育成	・専門性　・解決策提案 ・問題分析　・動機付け ・利益志向（中級）
保有している知識		・マネジメント応用知識（社内試験） ・PLとBSを読み込み、分析できる ・ハラスメント　・ガバナンス	・マネジメント基礎知識（社内試験） ・PLを読み込み、分析できる ・コーチング知識（外部研修修了）
保有しているスキル	営業部	・新規顧客向けの提案書作成 ・既存顧客より新規顧客の紹介をもらえる	・既存顧客向けにアップセルの提案ができる ・標準提案書の見直しと後輩の提案書への適切な赤入れ
	製造部	・〇〇マシンのメンテナンススキル ・製造ラインの効率化の提案	・製造ラインにある全マシンの稼働スキル ・製造ラインにある全マシンの後輩へ技術伝承できる
	管理部	・CFの管理と経営への提案 ・銀行交渉（初級）	・労務管理における社内運用 ・〇〇書の作成

また、そもそもの「階層数」も、現在ではなく5年後の組織図に焦点を当てて再考する必要があり、5年先の戦略の遂行やチームマネジメントが機能している状態を仮説立てながら「現在はないが、5年後には○○部の組織を機能させるために○○という役職が必要ではないか」という形で階層の数を再考していきます。

ここではシンプルに「現在の役職者に不足している役割やスキル、知識」という「不足感」に視点を当てたり、創業オーナーがいなくても回る組織、第二創業組織をつくるという観点で考えてもわかりやすいかもしれません。

これらのディスカッションで階層の数に変更が生じた場合、5年後の組織図にも変更が加わるため、階層別人材要件と5年後の組織図を「行ったり来たり」しながら設計していく形になることが多いです。

このような視点で階層別人材要件の設定し、これにより5年後の組織図にプラスして、組織の中身がさらに明確になります。

コンピテンシーを活用する

階層別の人材要件の中で、会社によっては等級ごとに必要な「能力」という観点で要件を設定する場合も多いです。

自社における、または自社の部署や職種別に必要な能力をゼロベースで考えていってもよいのですが、なかなか思いつかない場合や言語化に悩んだ場合は「コンピテンシー」を参考にすることを推奨します。

コンピテンシーとは、高いパフォーマンスを発揮する人物に共通して見られる「行動特性」のことで、特に人事評価における評価項目の設定の際によく使われるものです。

コンピテンシーの項目は調査機関やコンサルティング会社など、それぞれ出しているものは異なりますが、それらの項目が自社にマッチする項目があるのであれば、そのまま取り入れてもよいと思いますし、ぴったり合わなくとも表現が近しい項目があるのであれば、それを自社に合わせた形でカスタマイズして取り入れてもよいでしょう。

参考までに一部とはなりますが、コンピテンシー例を記載します（図表46）。コンピテンシーに絶対的な正解はありませんので、会社の業種、階層、職種など、様々な要素によって必要な能力が異なってきます。

図表46にも目安として該当階層を記載していますが、このような該当階層も会社によって異なるかもしれません。

また、異なる階層で同じ項目を設定し、上位階層と下位階層で内容の「レベル」を変えるという形でも利用できます。

大事なことは、このような標準的な「物差し」となる考え方を上手に活用し、自社にマッチした形で取り入れることです。

【図表46　コンピテンシー例】

※一部抜粋

No	項目	内容	該当階層（目安）
1	指揮・命令・徹底	目標や新しいやり方、規則やルールを部下・後輩に徹底して守らせる	上位
2	highコミュニケーション	1人ひとりの部下・後輩とよりよい信頼関係を築き、効果的に仕事に活用する	上位
3	権限委譲	やる気と意欲のある部下・後輩に、思い切って仕事を任せノビノビと仕事をさせる	上位
4	参加意識の醸成	部下・後輩を上手に計画・企画立案や改善活動に参加させる	上位
5	業務管理力	業務効率アップのために、仕事の流れや分担、品質や漏れのチェックを怠らない	中位
6	部下・後輩との対峙	部下・後輩に嫌われることを恐れず、言うべきこと厳しいことをしっかり言う	中位
7	理念・方針の共有	経営理念・方針、新しいやり方をわかりやすく部下・後輩に理解させ、実行させる	中位
8	情報共有	知り得た情報を公開し、共通のノウハウとしている	中位
9	思考力	1つのテーマに対して、あらゆる角度から長期にわたり徹底的に考える	下位
10	業務改善	担当業務のやり方・手段、あるいは仕事そのものを、自ら提案してよりよくしている	下位
11	プレゼンテーション力	伝えようとしている内容を、的確かつ説得力を持って表現している	下位
12	自己革新	自己の足りない部分や知識・技能を、自ら積極的に取り入れている	下位

評価項目をつくる

ここまでお伝えした「評価理念」「5年後の組織図」「階層別人材要件」の3つの土台ができたうえで具体的な評価項目をつくっていきます。

この3つの土台をつくらずにいきなり評価項目をつくろうとすると、ディスカッションの中で「評価の軸がブレる」「整合性が失われる」「運用しても実態と合わない」ということが起こりやすく、うまくいかない可能性が高くなります。

反対にこの3つの土台をしっかりつくれてさえいれば、そのようなことは起こりにくく、人事評価制度がマネジメントの仕組みとして効果を発揮することができます。

細かな評価項目をつくる前に最初に決めていきたいことは、どのようなカテゴリーで評価をするか、です。

これに関しては評価理念の表現が軸となり、評価理念に記載した内容は必ず評価のカテゴリーに入れることが重要です。

例えば当社の顧客の株式会社万福では、先述した4つの評価理念にあるように「理念に沿った行動」「成果に向けた行動」「人材育成」「品質」を評価のカテゴリーに据えています。

このカテゴリーが固まったうえで「理念に沿った行動」とはどのような行動か、というディスカッションで細かな評価項目をつくっていきます。

「理念に沿った行動」の評価項目が固まったら、以降、「成果に向けた行動」「人材育成」「品質」についても1つずつ評価項目を決めていく、という流れです。

このような形で評価理念に表現しているカテゴリーはＭＵＳＴの評価項目とし、それらがすべて決定した後、他に評価したほうがよいものについて「抜け漏れ」を探して追加していきます。

ちなみに評価理念に表現している内容は必ず評価すべきですが、評価理念に書いていない内容は評価しない、してはいけない、というわけではありません。あくまで評価理念に表現しているものはＭＵＳＴなだけであり、それ以外で「５年後の組織図」「階層別人材要件」を見て抜け漏れがあるようでしたら評価項目として追加をしていきましょう。

先述しましたが、評価理念の案出しをしたときに、１人ひとりが書き残しているポストイットを保管しておくと、この評価項目をつくる際にそれらを改めて見ることでヒントになりますし、会社の理念をつくる際に案出しをしたポストイットも同様です。

また、５年後の組織図や階層別人材要件をディスカッションする際に「議事録」「備忘録」のようなものを残しておくと、こちらも細かな評価項目をつくる際のヒントが溢れているので、ぜひそのような活用をしていきましょう。

評価結果と報酬ロジックの構築

評価項目が固まったら、最後にそれらの項目で評価した結果がどのように報酬に反映されるのかのロジックをつくっていきます。

社員から見ると、「どれくらいの評価ならどれくらい給与が上がるのか」という、最も興味のあるものだといえるでしょう。

各評価項目の合計点、または平均点など点数化のルールを決定し、社員1人ひとりの「最終点」がどのように報酬に結びつくのかを設計していきます。

オーソドックスなものとしては最終点をランク化し、該当ランクによって昇給の額が決定していくロジックです（図表47）。

図表47にあるように、例えば社員Aの最終的な評価点が3・65点だった場合、作成した最終ランク表ではSランクに該当し、Sランクに該当した社員は「号棒が2つ上がる」というルールのもと、結果7，000円昇給する、といった形です。

これは創業オーナーが鉛筆をなめながら「社員Aはまあまあ頑張ったから7，000円くらい昇給させるか」のような「感覚的」な決め方とは正反対の「論理的」な仕組みですので「ロジック」という表現にしています。

このようなロジックが明確であると、社員から見ても透明性の高い人事評価制度になるため、先述した「不満」の1位である「評価基準が不明確」というものがなくなっていきます。

ちなみに先ほど「号棒」とお伝えしましたが、これは図表47にもあるように組織の序列である「等級」、わかりやすくいえば役職ごとに、さらに細かく給与の額を刻むための階段のようなものです。

【図表 47　評価と報酬の結びつき】

社員Aの最終評価点 3.65点（平均点）

最終評価ランク	最終評価点 以上	最終評価点 未満
SSS	4.0 ～	
SS	3.8 ～	4.0
S	3.6 ～	3.8
A	3.0 ～	3.6
B	2.8 ～	3.0
C	2.6 ～	2.8
D	～	2.6

等級		1	2	3	4	5	6	7
役職イメージ					主任	係長	課長	部長
ピッチ	号棒							
	15	229,000	242,000	254,000	306,500	341,000	429,000	522,000
	14	228,000	241,000	253,000	302,500	338,000	424,000	516,000
	13	227,000	240,000	252,000	299,500	334,000	419,000	510,000
	12	226,000	239,000	251,000	295,500	331,000	414,000	504,000
	11	225,000	238,000	249,000	292,500	327,000	410,000	498,000
	10	223,000	236,000	248,000	288,500	[illegible]	[illegible]	[illegible]
	9	222,000	235,000	247,000	285,500	[illegible]	[illegible]	[illegible]
	8	221,000	234,000	246,000	281,500	[illegible]	[illegible]	[illegible]
	7	220,000	233,000	245,000	278,500	313,000	391,000	475,000
	6	219,000	232,000	243,000	274,500	309,000	386,000	469,000
	5	217,000	230,000	242,000	271,500	306,000	381,000	463,000
	4	216,000	229,000	241,000	267,500	302,000	377,000	457,000
	3	215,000	228,000	240,000	264,500	299,000	372,000	451,000
	2	214,000	227,000	239,000	260,500	295,000	367,000	445,000
	1	213,000	226,000	238,000	257,000	292,000	363,000	439,000

Sランクは号棒が
2つ上がる（7,000円）

横軸に等級、縦軸に号棒を設定する「等級号棒型」がオーソドックスな給与テーブルですが、他にも「グレード型」や「ゾーン型」などの種類があるので、自社にマッチしたものを選択することを推奨します。

【参考】制度設計に必要なもの

ここまでマネジメントの仕組みの1つとして、人事評価制度の構築についての「骨格」をお伝えしましたが、あくまでも大枠を形づくる骨格ですので、細かく設計するものはまだまだ多く残っています。

■評価項目1つひとつの評価段階と達成基準

評価理念を軸として設計した評価項目の1つひとつが、何段階評価でそれぞれどのように達成すれば○点なのか、という評価の段階の数と達成基準を明確化していきます。

■評価のウエイト

例えば「プロセス評価」「業績評価」「理念評価」など自社特有の評価カテゴリーに対して、等級ごとにどれぐらいの割合で評価していくか、重みづけを数字で設定していきます。一般的には上位等級ほど業績（結果）の評価割合が高く、下位等級ほどプロセス評価の割合が高くなります。

■評価期間

1年で評価する会社も多いですが、半期ごとに評価を締めるのか、四半期ごとなのか、賞与などのタイミングによっても会社で異なります。

■昇格や賞与への接続

先述した昇給の仕組みと同様、何を達成すれば昇格するのか、どのような評価でどれくらいの賞与が支給されるのかのロジックをつくっていきます。

■評価対象者

特に中途採用者に関しては、いつから評価対象となり、評価期間の月数によって1年通して評価した社員とどのように差をつけるのかを明確にしていきます。

本書ではページ数の都合でこれらの細かい部分まで詳しくお伝えできませんが、制度設計の中では決定しなければいけないものばかりですので、ぜひ参考にしてください。

人事評価制度の運用がマネジメント強化の仕組み

創業オーナーがいなくても回る会社にするための、マネジメントの仕組みとして人事評価制度の構築の話をしてきましたが、本質的には人事評価制度の運用の仕方にマネジメントの仕組みとしての「肝」があるのです。

運用にあたって重要なことは、半年や1年のサイクルで社員の評価を正確に算出することだけではなく、評価を決めるまでのプロセスにこそ徹底度合いが求められます。

具体的には評価を毎月実施する、ということです。通常、多くの会社では半年に1回、または1年に1回のサイクルで評価をし、評価者・被評価者間で評価面談をしていきますが、これを毎月行うことをマネジメントの仕組みとして回すのです。

マネジメント力を組織的に強化していくにあたってのポイントの1つは、部下との1対1でのコミュニケーションやフィードバックの「頻度」と「質」です。

例えば創業オーナーが鋭い感覚でマネジメントする場合は、定期的に社員との面談などは行わずとも、社員の士気が上がるタイミングや、逆にモチベーションが落ちていると感じたタイミングが感覚的にわかるので、そのタイミングで声掛けをしたり、1対1で食事をしたりなどして適切なケアができるのですが、同じようにこのような感覚を管理職であるマネージャー全員が持つべき、といっても感覚的なものは再現性が低いため不可能なのです。

だからこそ個人の感覚に頼らずマネジメントを仕組み化する必要があり、部下との1対1でのコミュニケーションやフィードバックの「頻度」と「質」を仕組みとして必然的に上げていくために毎月評価をし、面談することをルール化するのです。

当社の顧客には御多分に洩れずこのサイクルを回してもらっていますが、やはり運用当初は顧客のマネージャーからは毎月の面談時間の確保や評価シートの記入時間も含めて「ちょっとキツい」

というフィードバックをもらいますが、３か月、半年と毎月続けていくと結局「慣れる」のです。

毎月部下を1対1で面談をする、というコミュニケーションの場と、評価をするというフィードバックの繰り返しによって、上司部下間の関係性がこれまで以上に深まり、部下から見ても現状で自身に足りない部分の把握や、悩んでいるところの相談などもできる場になるため、社員の成長・定着という意味でもマネジメントが機能していくのです。

そのようにしてこの仕組みが回り出すと、マネージャー1人ひとりのマネジメント力が上がっていくと同時に、組織としてのマネジメント力も同時に底上げされていき、ひいては多くの社員が成長していくことに繋がっていきます。

またこのような仕組みを回す際の副次的な効果としては、要諦1でもお伝えした「パーキンソンの法則」に近しく、仕組みを回すマネージャーが「評価面談に使う時間をどのように確保するか」を考えはじめるので、自身の業務の見直しや効率化を図り出すことで、生産性を落とすことなく、逆に生産性が上がっていくのです。

このような効果からも運用にこそマネジメントの仕組みとしての肝があると認識し、徹底して回していくことを推奨します。

マネジメントの仕組み④／社員教育の体系化

最後につくるべきマネジメントの仕組みは「社員教育の体系化」です。社員教育への重要度が高まっていると感じる経営者は90％以上と非常に多いのですが、実際には社員教育の代表的な1つである「階層別研修」は企業規模が小さいほど「実施していない」会社が多いというデータもあります（図表48）。

会社としての第二創業組織をつくるにあたって社員1人ひとりの成長は欠かせません。そのような意味からも社員教育の体系化はマネジメントの仕組みとして必須なのです。

社員教育を体系化するにあたってのポイントは、仕組みの③評価と報酬の明確化の中で「5年後の組織図」や「階層別人材要件」をつくっているため、それらが「どのような教育体系をつくるか」の土台になっているということです。

特に階層別人材要件では、階層ごとに必要とされる役割や能力、スキルや知識などを設定しているため、それらが階層ごとに必要な教育の項目としてそのまま該当していきます。つまり、本書でお伝えしている順番でマネジメントの仕組みをつくれば、すでにこの時点で社員教育の体系化の土台ができ上がっているということです。

人材採用の観点からも重要

社員教育の体系化をすることは、昨今、中小企業にとってはますます厳しくなっていく「人材採用競争」の観点からも重要だといえます。どれくらい重要度が高いかというのを、まずはデータ面でお伝えしていきます。

【図表 48　階層別研修】

会社経営上、社員の教育・研修の重要度は高まっていますか？

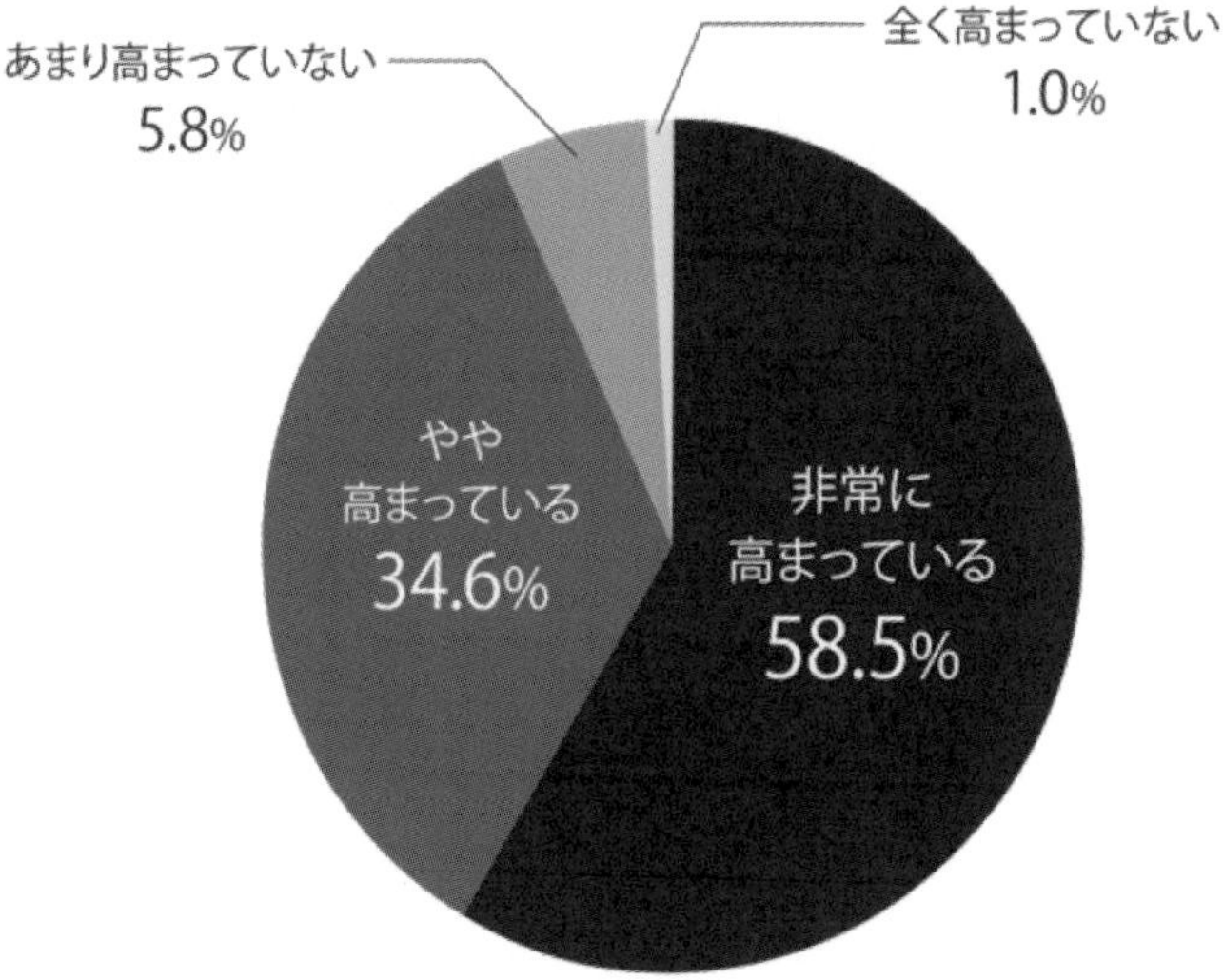

［出典］株式会社給与アップ研究所

階層別研修の実施有無

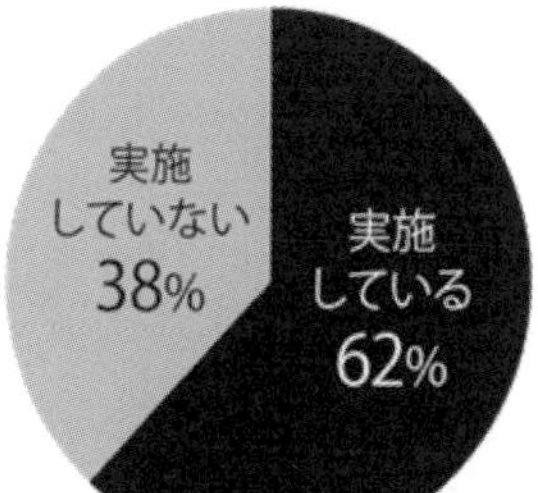

企業規模別　階層別研修の実施有無

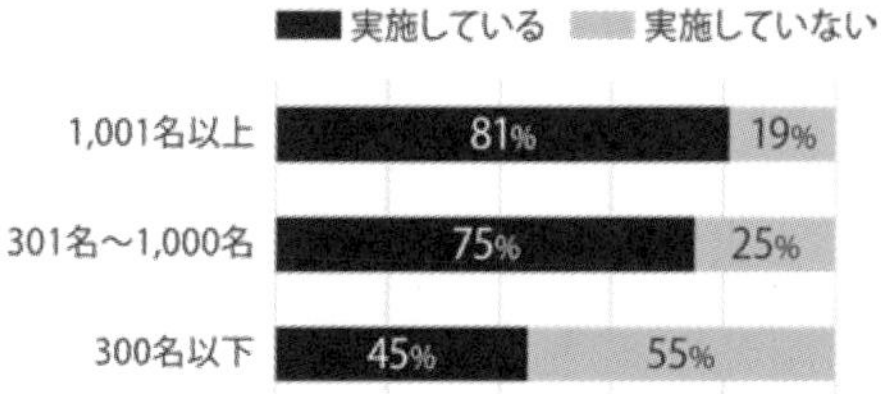

［出典］HR総研

株式会社学情による大学生・大学院生を対象にした「企業の研修・教育制度をどの程度重視しているのか」の調査では、就職活動において企業の研修・教育制度を「重視する」と回答した学生が47・6％となり、「どちらかといえば重視する」の42・9％と合わせると9割以上の学生が「就職活動で研修・教育制度を重視する」という結果になっています（図表49）。

これは中途採用においても、同じく株式会社学情の「転職先のリスキリングの取り組みや教育制度をどの程度意識するか」のアンケート調査で、転職活動時に企業のリスキリングに関する取り組みや研修・教育制度を「意識する」と回答した20代は20・9％となり、「どちらかと言えば意識する」の41・4％と合わせると6割以上の20代が転職活動において、企業のリスキリングに関する取り組みや研修・教育制度を意識しています。

また、これに付随して、転職活動時に企業のリスキリングに関する取り組みや研修・教育制度を知ると「志望度が上がる」と回答した20代は28・5％であり、「どちらかといえば志望度が上がる」の45・6％と合わせると、7割以上の20代が転職活動において企業のリスキリングに関する取り組みや研修・教育制度が志望度に影響するという結果になっています。

いずれにおいても、人材採用と社員教育制度は密接に関係していることが窺い知れるデータとなっています。

これらの調査結果からも、現在いる社員の成長を目的とするだけでなく、人材採用の観点からも社員教育の体系化は必要なのです。

【図表49　社員教育は人材採用にも影響】

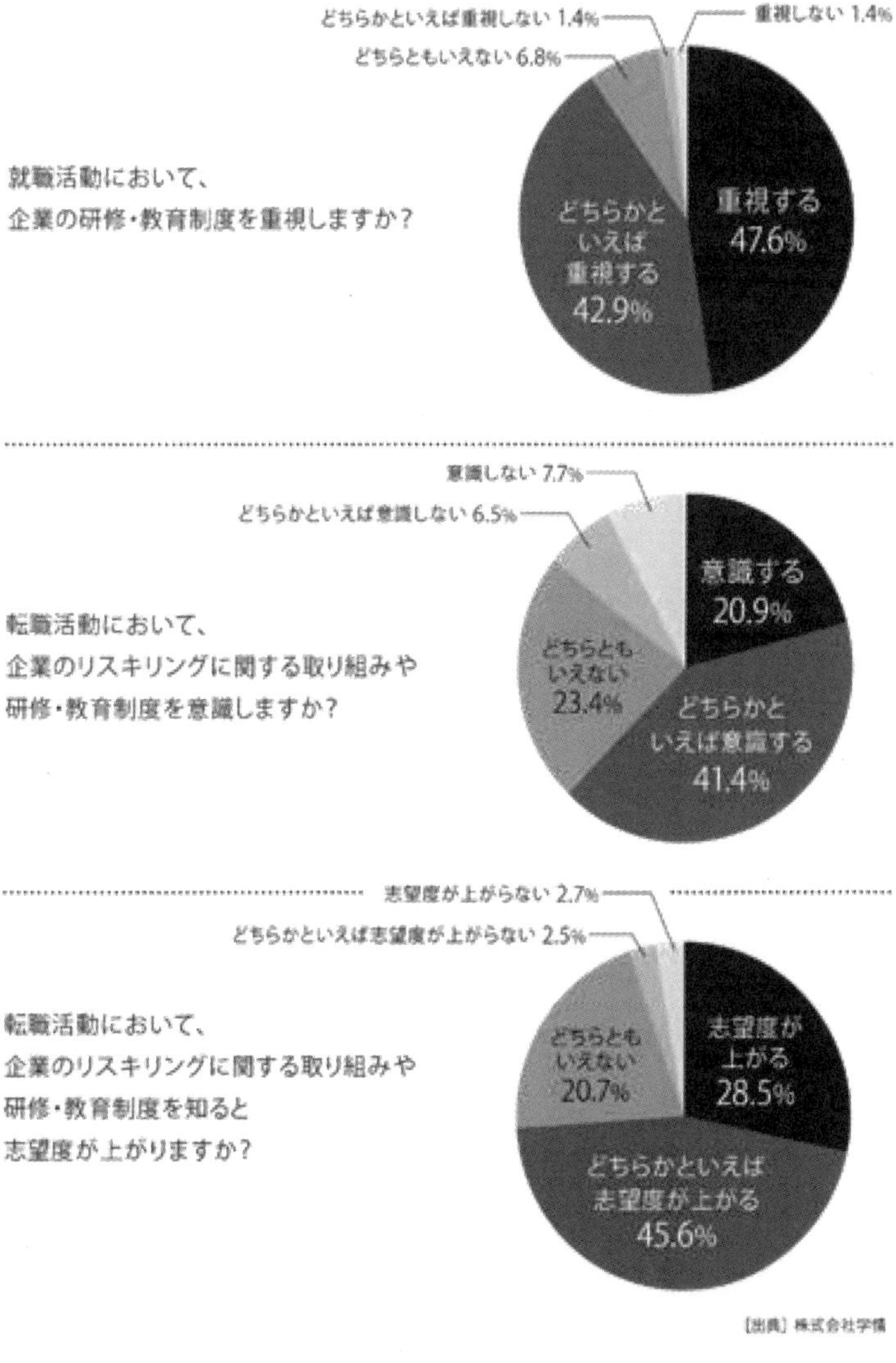
就職活動において、
企業の研修・教育制度を重視しますか？
どちらかといえば重視しない 1.4%
重視しない 1.4%
どちらともいえない 6.8%
重視する 47.6%
どちらかといえば重視する 42.9%
転職活動において、
企業のリスキリングに関する取り組みや
研修・教育制度を意識しますか？
意識しない 7.7%
どちらかといえば意識しない 6.5%
意識する 20.9%
どちらともいえない 23.4%
どちらかといえば意識する 41.4%
転職活動において、
企業のリスキリングに関する取り組みや
研修・教育制度を知ると
志望度が上がりますか？
志望度が上がらない 2.7%
どちらかといえば志望度が上がらない 2.5%
志望度が上がる 28.5%
どちらともいえない 20.7%
どちらかといえば志望度が上がる 45.6%

［出典］株式会社学情

学習要素のサイクルを回す

米国ロミンガー社の調査では、成人における「学習に影響を与えた要素」のうち、70％がその人の仕事経験によるもので、残り20％は人の観察やアドバイス、10％は能力開発の研修や書籍という「7：2：1」の法則とも呼ばれる結果が出ています。

私はこの学習要素の考え方を仕組みとしてサイクル化すべきだと思っています。仕事経験によるものが大半の学習要素になるのは間違いありませんが、残りの30％で社員1人ひとりの成長の差がつき、ひいてはそれが会社の成長の差にも繋がるのではないでしょうか。

20％の要素である人の観察やアドバイスは、先述したように人事評価の毎月面談を実施することで機会を得ることを仕組み化しているため、そのフィードバックやアドバイスをインプットとし、仕事の経験へとアウトプットさせることで学習効果が増すでしょう。

10％の能力開発の研修や書籍という点も同様で、ここで階層別研修などを代表とする社員教育の体系化と実施によってインプットされ、仕事の経験へとアウトプットさせるというサイクルを回すことができます（図表50）。

この学習要素を効果的にサイクルさせたマネジメントの仕組みをつくり、そして回すことで、社員1人ひとりの成長が促進されていくと共に、会社としての成長も同時に促進されていく、という好循環を生み出すことができます。

【図表 50　学習要素のサイクルを回す】

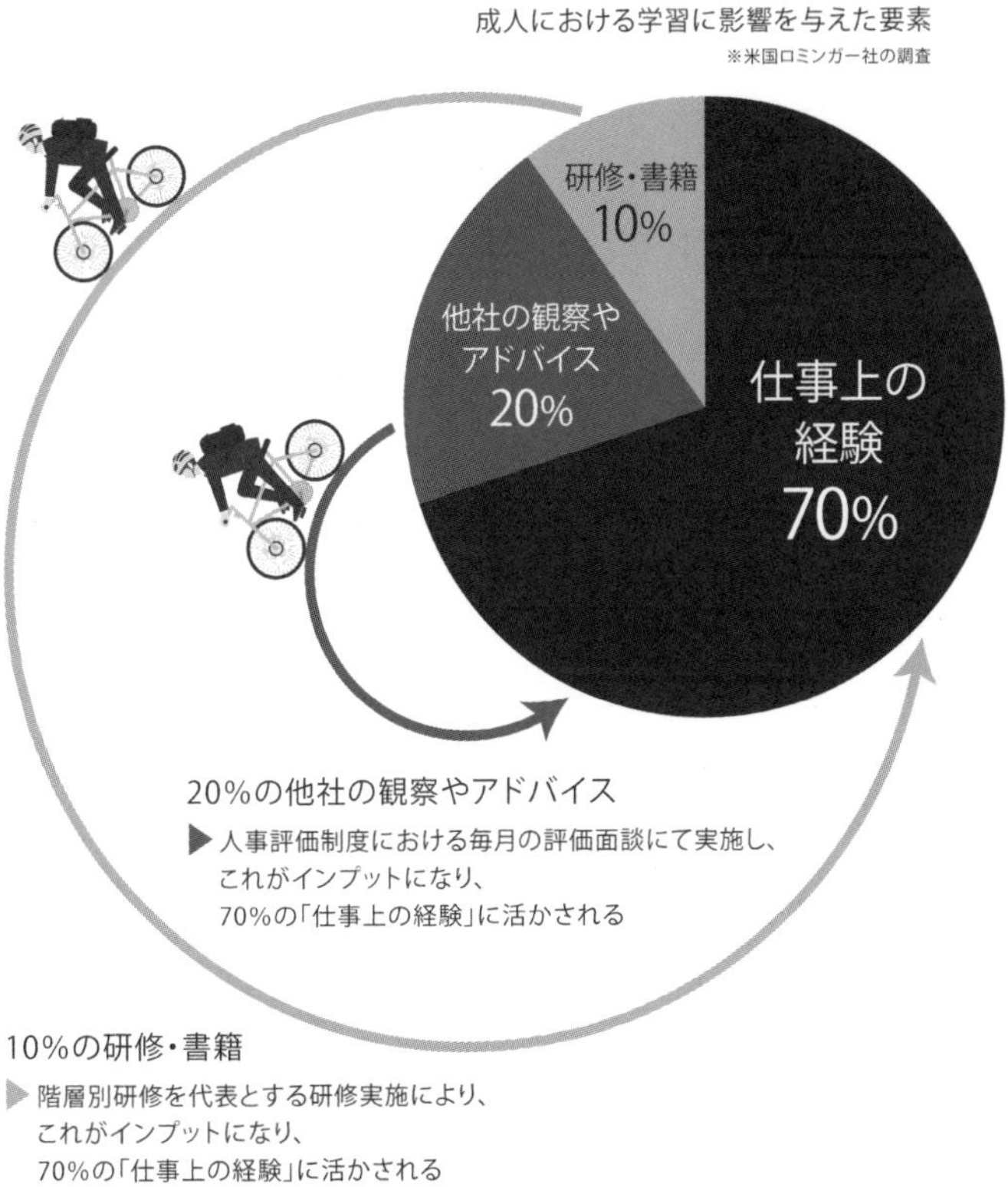
成人における学習に影響を与えた要素
※米国ロミンガー社の調査
研修・書籍
10%
他社の観察や
アドバイス
20%
仕事上の
経験
70%
20%の他社の観察やアドバイス
▶人事評価制度における毎月の評価面談にて実施し、
これがインプットになり、
70%の「仕事上の経験」に活かされる
10%の研修・書籍
▶階層別研修を代表とする研修実施により、
これがインプットになり、
70%の「仕事上の経験」に活かされる

３つの学習要素を効果的にサイクルさせる

階層別ビジネススキル

社員教育を体系化していくにあたって、基本的なモデルとなるのが階層別ビジネススキルの理論の1つである「ドラッカーモデル」です。

ハーバード大学の経営学者、ロバート・L・カッツ氏が1950年代に提唱した「カッツ理論」が源流ですが、その後1970年代に入り、ドラッカーが「多くの労働者の仕事は肉体労働から知識労働に変わっていく」と提唱し、時代に合わせてこのカッツ理論を進化させたものがドラッカーモデルです。

カッツモデルでは、そもそも「ナレッジワーカー」という階層や「マネジメントスキル」という概念が存在せず、かつ「コンセプチュアルスキル」のウエイトが階層によって異なっていますが、ドラッカーモデルの場合、「ナレッジワーカー」という階層や「マネジメントスキル」という概念に加え、「コンセプチュアルスキル」が全階層で同一のウエイトが必要だという考え方になっています（図表51）。

実際に、現代においてナレッジワーカーと呼ばれる知識労働者が増えたことや、それに伴いマネジメントという考え方や必要性が増してきたことから、このドラッカーモデルが現在の階層別ビジネススキルのスタンダードだといえるため、このモデルをベースに自社の社員教育の体系化を考えていくことを推奨しています。

【図表 51　階層別ビジネスモデル】

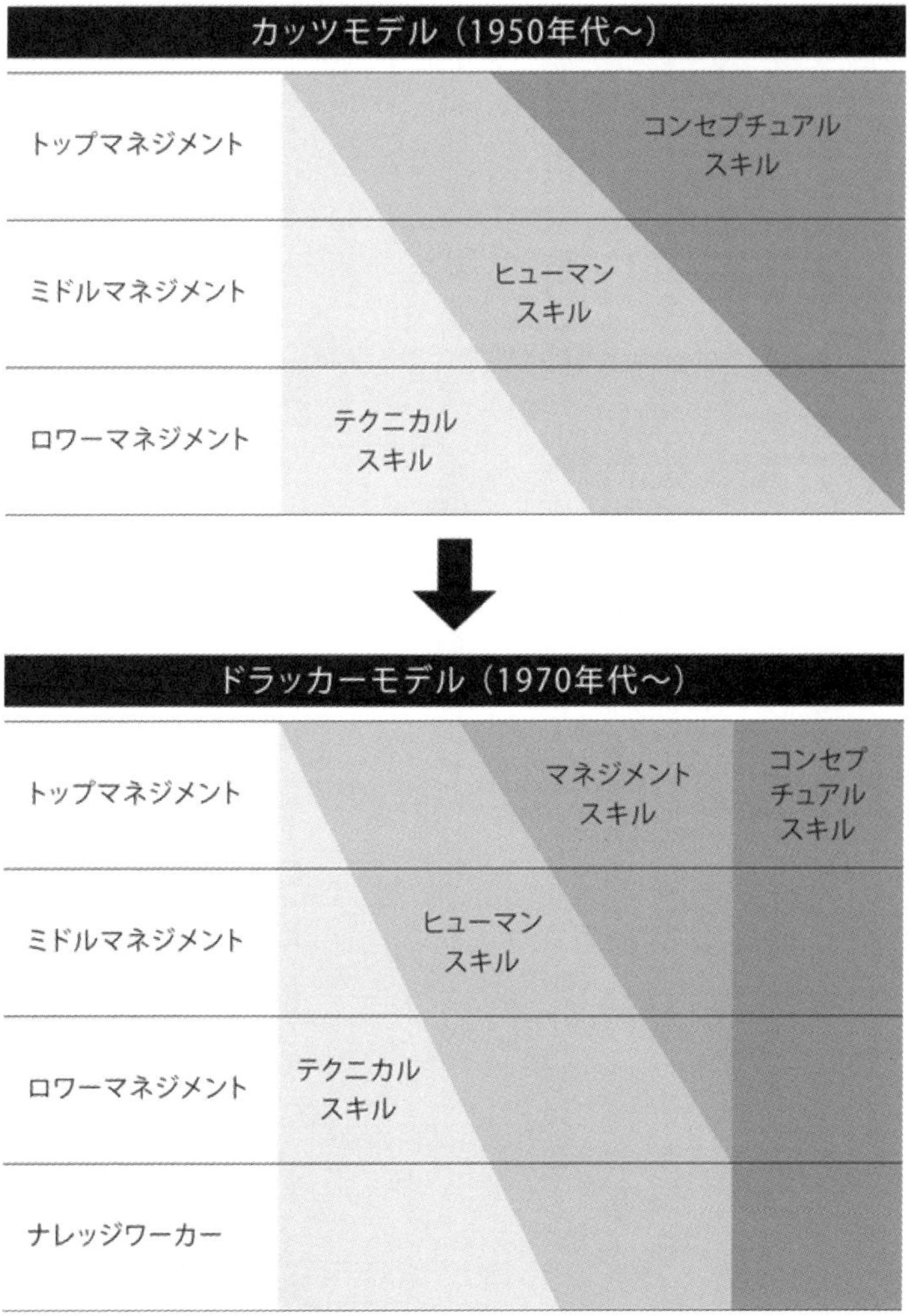
カッツモデル（1950年代～）
トップマネジメント
ミドルマネジメント
ロワーマネジメント
コンセプチュアル
スキル
ヒューマン
スキル
テクニカル
スキル
ドラッカーモデル（1970年代～）
トップマネジメント
ミドルマネジメント
ロワーマネジメント
ナレッジワーカー
マネジメント
スキル
コンセプ
チュアル
スキル
ヒューマン
スキル
テクニカル
スキル

補足として各スキルの内容をお伝えすると、

＝＝＝＝＝＝＝＝＝＝＝＝＝＝＝＝＝＝＝＝＝＝＝＝＝＝＝＝＝＝＝＝

■テクニカルスキル

任された仕事や業務を着実に最後まで実行するために必要なスキル。

■ヒューマンスキル

自分の考えを相手に正確に伝えたり、相手の考えを理解するといった、相互のコミュニケーションを促して良好な人間関係を構築するスキル。

■マネジメントスキル

会社、組織における経営資源を効果的かつ効率的に管理し、活用するスキル。

■コンセプチュアルスキル

膨大な知識や情報を整理分析して、複雑な事象を概念化することで物事の本質を見極めるスキル。

＝＝＝＝＝＝＝＝＝＝＝＝＝＝＝＝＝＝＝＝＝＝＝＝＝＝＝＝＝＝＝＝

となり、これらが図表51のドラッカーモデルにあるように、必要なスキルのウエイトが階層別に異なる形でイメージされています。

おおよそイメージできると思いますが、テクニカルスキルは下位階層に必要なものとしてウエイトが多く、反対に上位階層にはマネジメントスキルが多く求められ、テクニカルスキルはほぼ求めない、という考え方です。

具体的な研修体系例

ドラッカーモデルを参考に自社で具体的な研修体系をつくっていく中で、具体的な例をご紹介します。

例えば住友化学の場合、縦軸に階層（グレード）、横軸に研修カテゴリを区分し、そのクロスする部分に具体的な研修を体系図にしています（図表52‐1）。

知識やスキル系は下の階層で充実させ、マネジメント力強化のほうは上位の階層で実施するなど、スタンダードな構成になっています。

また、語学力、異文化理解のカテゴリーで、海外赴任前の研修や英語、ＴＯＥＩＣなどの研修があることもグローバル展開をしている企業ならではといえるでしょう。

同様の図表52‐2にあるキヤノンも縦軸と横軸の取り方は住友化学と同様ですが、選抜研修や選択研修などを設けている部分が特徴的といえます。

このように企業によって研修体系の細かな部分に差異はありますが、階層別にどのような研修があり、何を強化したいかが明確であることが重要なのです。

先述したように、研修内容のベースはドラッカーモデルを参考にすることが一般的ですが、研修カテゴリに関しては、ほとんど仕組み③で構築している「階層別人材要件」から抽出することができます。

【図表 52-1　社員教育の体系化イメージ】

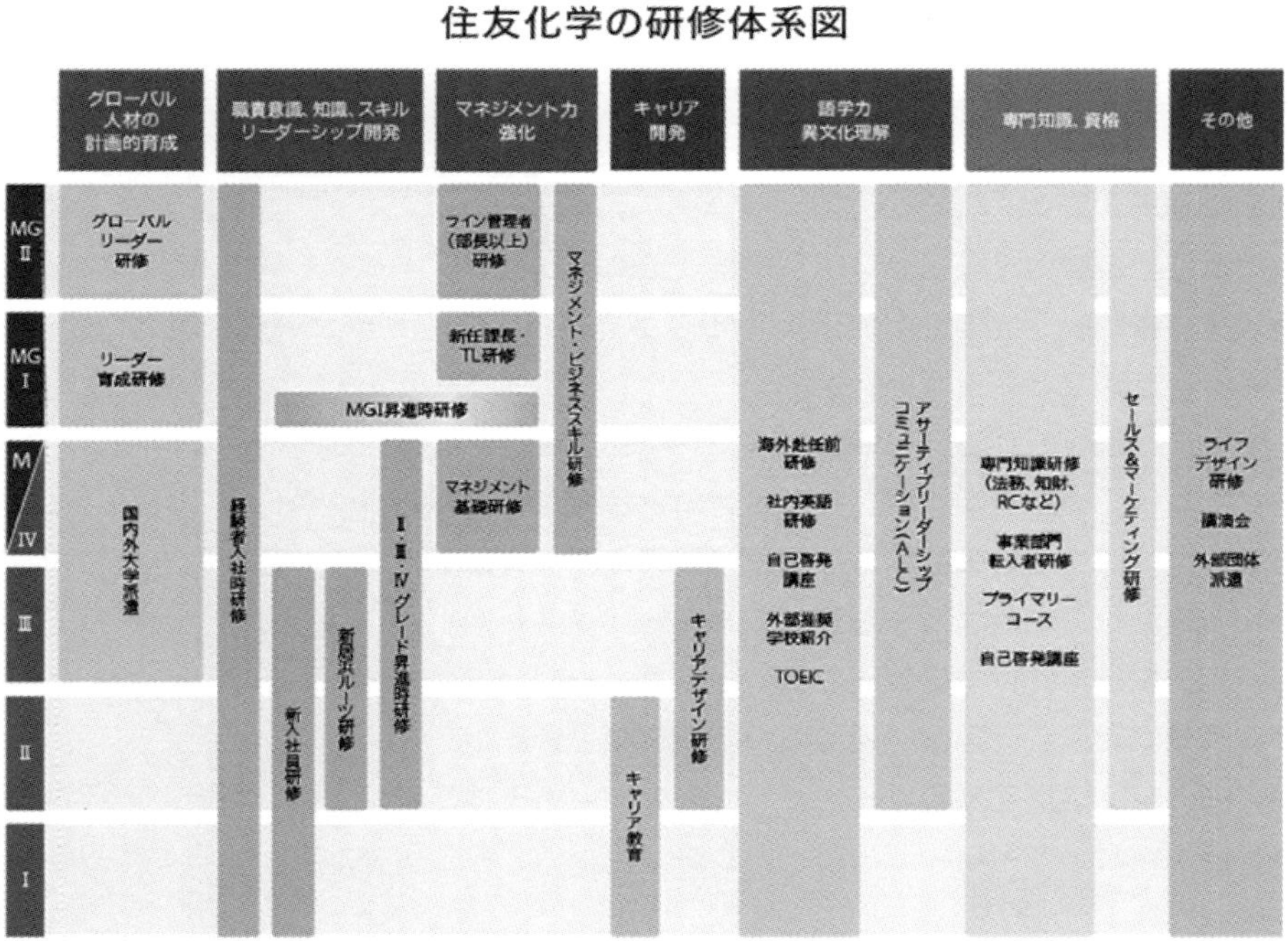

【図表 52-2　社員教育の体系化イメージ】

キヤノンの人材育成体系

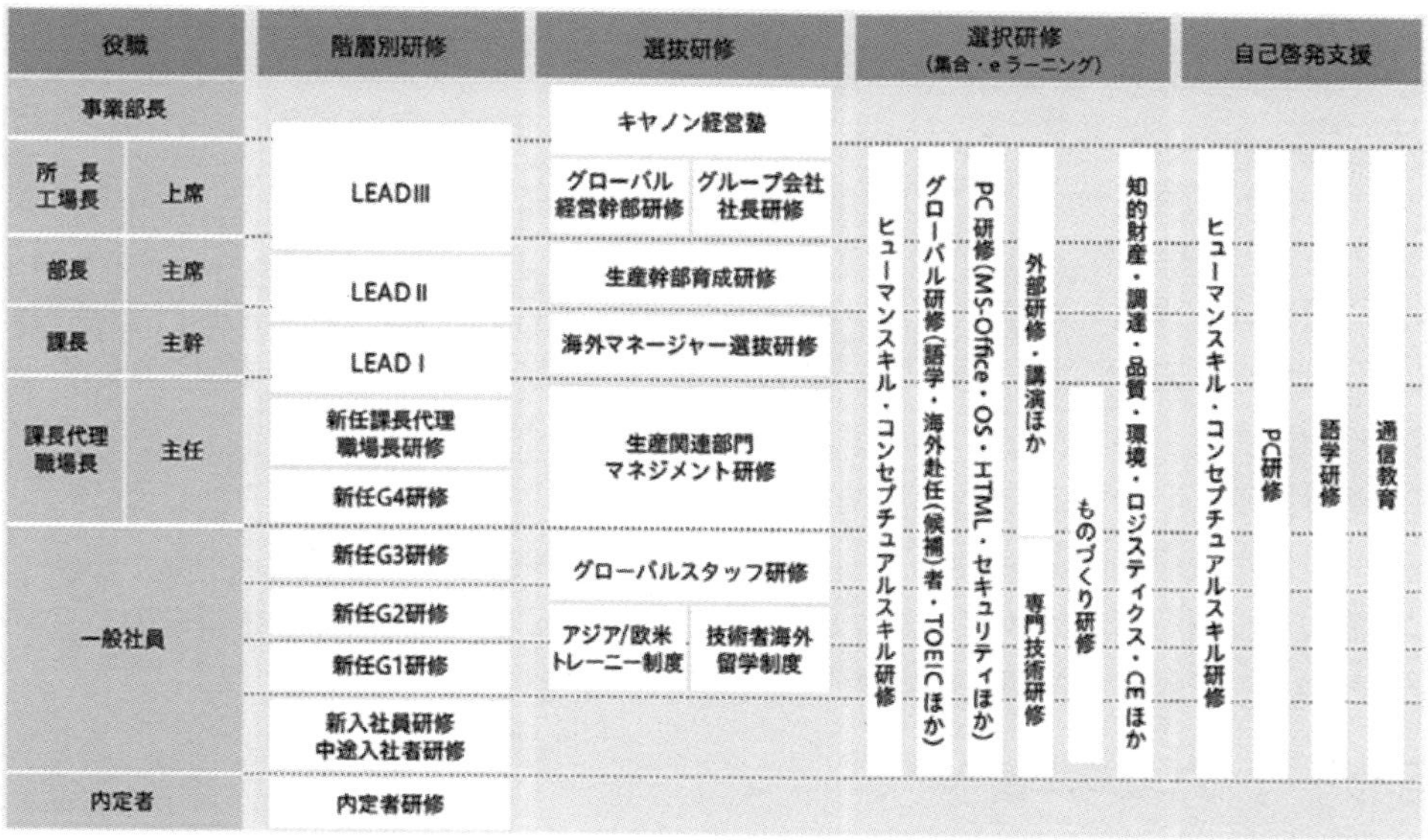

役職
階層別研修
選抜研修
選択研修
（集合・eラーニング）
自己啓発支援
事業部長
所　長
工場長
上席
部長
主席
課長
主幹
課長代理
職場長
主任
一般社員
内定者
LEADⅢ
LEADⅡ
LEADⅠ
新任課長代理
職場長研修
新任G4研修
新任G3研修
新任G2研修
新任G1研修
新入社員研修
中途入社者研修
内定者研修
キヤノン経営塾
グローバル
経営幹部研修
グループ会社
社長研修
生産幹部育成研修
海外マネージャー選抜研修
生産関連部門
マネジメント研修
グローバルスタッフ研修
アジア/欧米
トレーニー制度
技術者海外
留学制度
ヒューマンスキル・コンセプチュアルスキル研修
グローバル研修（語学・海外赴任(候補)者・TOEICほか）
PC研修（MS-Office・OS・HTML・セキュリティほか）
外部研修・講演ほか
専門技術研修
ものづくり研修
知的財産・調達・品質・環境・ロジスティクス・CEほか
ヒューマンスキル・コンセプチュアルスキル研修
PC研修
語学研修
通信教育

また、階層別人材要件のみならず、人事評価制度で設計している各階層の、特に能力やスキルなどの評価項目に対して研修を実施することで「自分の評価項目を会社が研修で支援してくれる」という構図になり、社員から見ても会社に対するエンゲージメントが高まるため、仕組み③の人事評価制度と仕組み④の社員教育の体系化を連動させることが、仕組みを効果的に回すためのポイントになるのです。例えばマネジメントの在り方において、「Z世代」対策というような形で近年注目度が上がっているスキルが「コーチング」です。

「教える」という意味合いでの「ティーチング」がこれまでのマネジメントの主流でしたが、ティーチング中心のマネジメントによって（もちろんそれだけが原因ではありませんが）、「社員に主体性がない」「受け身で仕事をしている社員が多い」などの悩みが、近年多くの企業、経営者の中で散見されています。

その悩みを解消すべく1つのスキルとして、社員の自主性を育む「コーチング」が注目され、多くの企業でも管理職に求めるスキル、そして「評価項目」として設定されているのですが、会社がただ管理職に求めるだけではなく、研修などを用意し、求めるスキルを伸ばす環境をつくる、という形で「評価」と「教育」を連動させることが重要なのです。

次期キーマンを養成する

一般社員を中心とした社員教育の体系化を構築していくと同時に、仕組みとしてマンパワーの要素が強くはなりますが、経営層が直接「次期キーマン」となる社員を養成することも、「創業30年の壁」を超えるにあたっては求められていきます。

これまでお伝えしているように、創業オーナーがいなくても回る会社にするためには、組織としてのマネジメント力を上げていくことが不可欠となります。

「ハード」である「マネジメントの仕組み」をつくり、そして回すことで「ソフト」である管理職のマネジメント力を向上させていくことが基本なのですが、ある一定のラインからは経営層が手をかけて育てる必要があります。

わかりやすく、例えば現時点での課長を部長へ養成するタイミングや、現部長を執行役員や取締役へ引き上げるタイミングなどです。

将来の会社を背負って立つ社員、つまり次期キーマンを養成できるのは、外部研修等でも不可能ではありませんが、基本的には社長をはじめとした経営層にしかできない場合が多いのです。

組織の上位階層に求められる基本的な要素として、財務諸表を中心とした「経営数値」の教育はもちろん、当社の顧客においても「部長養成塾」や「社長と役員候補の交換日記」など、経営層が直接教育することで次期キーマンを養成する会社は「教育」が非常にうまくいっています。

４つの仕組み化で属人化から脱却する

ここまでお伝えした「業務の標準化」「役割と権限と責任の言語化」「評価と報酬の明確化」「社

員教育の体系化」の4つのマネジメントの仕組みをつくることによって、「あの業務は○○さんしかできない」「役割や権限があいまい」「評価は社長が鉛筆をなめて感覚でつける」「育つ社員は勝手に育つけど、育たない社員は育たない」のような属人化の組織から脱却することができます。

組織は「生き物」であるため、仕組みをつくらずに放っておくと、どんどん属人化していき「私のやり方」「俺ルール」などが蔓延っていきます。

特に創業オーナーが長きにわたって会社のトップに君臨している会社ほど、このような「仕組み化」ができていない所が非常に多いです。

創業オーナーがいつまでも会社にいることができるのであれば、今でもそのように仕組みがなくともそのリーダーシップで様々なことを乗り切れると思いますが、残念ながら創業オーナーはいつか会社から去る時が来ます。

その時に仕組みがなく属人化された組織では、プロダクト・ライフサイクルでいうところの第二成長期へ向かうどころか衰退期へと入り込んでいく可能性が高くなる、つまり「リスク」の高い組織なのです。

そうならないよう、創業オーナーがいなくても回る会社、第二創業組織をつくることによって、創業30年の壁を超え、第二成長期へと会社を発展させていくための、その要諦の2つ目として「4つのマネジメントの仕組み」が必要になるのです。

顧客インタビュー

Customer interview

株式会社サニタ

代表取締役

津田 康徳 様

37歳で父から会社を引き継ぐ

私は23歳の時に当時父が経営していた会社に入社しました。その当時、父は4つの会社を経営していましたが、それらの会社の中でもメインの会社に店頭販売員として、正に「一兵卒」という形で社会人のスタートを切りました。

自分の頑張りによって業績の悪かった店舗がよくなり、働いてみてすぐに仕事というものの面白さに気づき、のめり込みました。

当時は「将来的にドラッグストアをつくりたい」というビジョンもあり、そのビジョンも見据えながら、入社して1年後には売上規模の最も大きい店舗の店長となり、その後も3店舗を管轄するエリア長、仕入責任者、運営部長など多くの経験をしてきました。

そのような中で、もともと父からは私が42歳になった時に会社を引き継ぐという話をしていたのですが、私が37歳の時に父が脳梗塞で倒れてしまい、命に別状はなかったのですが、今後の会社のことを考えて予定より5年早く会社を継ぐことになったのです。

典型的な「文鎮型組織」でもうまくいっていた

私自身が体が弱かったことから、私は調剤薬局やドラッグストアを事業にすることを半ば「使命」のように感じていました。

1店舗3名という「1」からのスタートでしたが、2店舗目、3店舗目と順調に店舗展開を重ねることができ、5店舗まではトントン拍子で成長することができました。

その頃は社員も増え、役職者もいましたが、役職とは名ばかりのものであり、実際にすべてを見ているのは私であり、何かを決めるのもすべて私が決めていた、という典型的な「文鎮型組織」でした。

ただ、そのような組織形態でも、当時は社員の名前と顔が一致していましたし、業務が終わった後に社員と一緒に食事にいってコミュニケーションを取ったりと、トップである私自身が全社員を見ることができていたので何も問題はなかったのです。

順調な成長から一転、売上が停滞

そのように会社が順調に成長をしていく中、当社では「人類の心身の健康に貢献する」という経営ビジョンを掲げているため、ドラッグストア・調剤薬局の他にも人の健康に関わる違う業態への展開をしていきました。

私自身、体が少し不調な時に鍼灸に通っていたこともあり、まずは整骨院事業へと参入。最初はノウハウがないのでFCとしてスタートしましたが、こちらも3店舗までスムーズに店舗展開することができました。

ただ、この辺りから社員の名前と顔が一致しなくなってきました。今思えばそれが会社の成長の停滞に繋がるアラートの1つだったのですが、その頃は会社も成長し続けていましたし、また私自身も会社をさらに成長させたかったため、リハビリ型のデイサービス、訪問マッサージ、訪問看護と、次々に事業展開を推し進めていきました。

そのようにして複数の事業合わせて従業員が100名くらいになったとき、突如として売上が停滞してしまったのです。

新しい事業をはじめても人が定着せずに辞めていってしまう、人がいないのでその事業がペンディングになる、既存事業、店舗の生産性が上がらないなど、何をやってもうまくいかなくなってしまい、年商7億円から8億円を「行ったり来たり」するようにして売上が停滞してしまいました。

自力で評価制度をつくり運用するも

そのように売上が停滞している中、どうにかしなければと様々な経営セミナーに参加してヒントを得ようとしました。

とあるセミナーで「組織をつくるために評価制度をつくることが大事」と、その必要性に共感し、自社で導入しようと思い至りました。

当時は事業の展開ばかり先行していたため評価制度などはなく、給与を決めるにも「○○さんは来月から院長になるから給料○○万円にするね」や、「○○さん、すごく成果出しているから明日からエリア長になって」など、私の「鶴の一声」で配置や処遇、給与を決定していたり、中途採用においては、例えば募集要項には月給30万円で出していても、面接に来た求職者がすごくよさそうな人材で「前職から給与を下げたくない」という交渉が入ると「じゃあ40万円にするね」という形で明確なルールや基準が不透明のまま、私が「鉛筆をなめて」決定していました。

薄々、そのような体制も将来的にはダメだなと感じていたので、評価制度の導入には何も抵抗がなかったのですが、外部は入れなくとも自分たちで制度をつくれると思い、自力で評価制度をつくり、運用しはじめました。

しかしこれがうまくいかず、何とか頑張って3年ほど社内で運用してみたものの、全くワークしなかったのです。結果的に売上も同様、停滞したままでした。

エースで4番社長だったことに気づく

そのような停滞状況が続く中、佐々木さんの書籍「年商30億円の限界突破」が日経新聞に掲載されていて、タイトルを見て「これだ」と思い、すぐに購入して読みました。

本に書いてある内容、特に副題でもある「エースで4番社長から監督社長へ」というワードがまさに今の自分そのものを指していたのです。

当時、取締役として専務はいましたが、その専務は自身で会社を経営しながら当社の専務もしているという形態だったため、実質的なリーダーは私しかおらず、そのリーダーである私が現場を回しながら、片方で社員を教育し、そしてお金回りの経理業務も担うなど、現場から離れられませんでした。

また、事業を展開して成長を図っていくという「戦略」中心の経営をしており、「組織」をつくることを怠っていた、という特徴もぴったりと該当していました。

その結果が当時の売上停滞を招いていたのは明白であったため、そのような状態を言い当てたかのような佐々木さんの本を見てすぐにコンサルティングを依頼しました。

「餅は餅屋」を実感

コンサルティング導入初期に私を含め、多くの社員に個別のヒアリングをしてもらったのですが、そのヒアリングの結果、「戦略に人・組織が追いついていない」と佐々木さんに言われたことが印象的でした。

ただ、それと同時に私としても同じように思っていたという安心感と、「組織をつくれば売上はまた上がっていく」という確信を得たのも事実です。

当初のプロジェクトの中心は人事評価制度の構築と運用でした。人事評価制度といっても給与を決めるルールのみではなく、組織をつくるためのマネジメントツールとしての役割、という目的で構築と運用を進めていき、まずは評価理念をキーマンとなる社員たちとディスカッションして固め、その後もテンプレートのような評価項目やルールを当てはめていくのではなく、当社の社員にヒアリングをし、またディスカッションを深めながらすべて当社の各事業、各職種に合わせて完全にカスタマイズして構築してもらいました。

それらのアウトプットの質はもちろんなのですが、片や私が特徴的だと感じたのは、佐々木さんのアプローチが「このやり方が正しいからこうしよう」という押しつけをすることなく、私やプロジェクトに携わる社員の意見を聞きながら、最も当社にアジャストする形でつくるというアプローチだったことです。

一般的にコンサルというと「我々の言うとおりにしてくれ」というようなアプローチが多いと聞きますし、当社としても過去にそのような経験があったため、そうではない佐々木さんのアプローチが印象的でした。

この構築のプロセスとでき上がりを見ただけでも、自社内でつくったものとは全く違い、早くてクオリティの高いアウトプットが出たため、やはり「餅は餅屋」ということでプロに任せたほうがよいと如実に感じました。

人事評価制度を自力で運用してワークしなかった3年間を無駄にした、という思いから、佐々木さんには冗談交じりに「もう3年早く本を出して欲しかった」と今でも時々言っています（笑）。

売上の停滞を突破

人事評価制度を「毎月1回評価面談をする」「フィードバックをシェアする」など、マネジメントツールとして運用することで、着実に管理職個々のマネジメント力が上がっていき、そしてそれが会社全体のマネジメント力アップにも繋がっていきました。

一般の社員からも「何をすれば評価されるか明確になった」「年功序列だと思っていたけど、○○先輩が昇格するのを見て自分にもチャンスがあると思った」など、これまで不安や不満に感じていた部分が払拭されたことで、離職率が下がったと共に社員1人ひとりのモチベーションやエンゲージメントが上がっていきました。

また、人事評価制度以外にも事業戦略やマーケティングのフレームワークを用いてディスカッションをしていく「ビジョン共有ワークセッション」を社員向けに実施したことで、社員の「ビジネス感覚」が養われたと思います。

当社は整骨院やデイサービス、調剤薬局など、健康にまつわる専門職の人材がほとんどであるため、そのような人材はホスピタリティが高く、専門性には富んでいるのですが、相対的にビジネス感覚に長けた人が少ない、という特徴があります。

そのような人材がビジネス感覚、マーケティングの知識を養っていったことで、「どのように集客していくか」「どのようにリピート・継続してもらうか」「利益を出すためには何を改善する必要があるのか」など、仕事をするうえでの視点が1つも2つも上がったように思います。

他にもそこで考えた戦略をしっかりと実行していき、ブラッシュアップを重ねていくための「戦略実行ＰＤＣＡ」を行ったことによって、これまで「決めたけど実行していない」「実行したけど進捗のチェックをしていない」ということが多かった組織風土でしたが、決めたことを実行し、かつ進捗チェックを行い、次の一手は何をするか、という組織風土へと変わることができました。

また、労働集約型ビジネスの肝である「採用」「教育」「定着」を強化していくための「人材開発室」をプロジェクト化し、スキルマップの作成に伴い階層別の研修体系を整え、専門職の要であるスキルをアップさせていく仕組みをつくり、また特に離職の多い入社1~2年のメンバーに対してはメンター制度を取り入れたことで、「辞めてほしくない人材」に辞められることが少なくなったりなど、包括的に取り組みを実施したことで様々な効果が出ました。

このような形で組織的なマネジメント力が上がっていくに連れて年商10億円前後で停滞していた売上も、ついにその壁を超えることができました。

事業展開のビジョンと年商30億円へ向けて

私が父から会社を受け継いだ時のことを思い返してみても「自分に何か不測の事態が起こり、いなくてなっても仕組みやルールで回る組織」をつくることが重要だと改めて感じました。

現在、従業員が200名近くいますが、昔のように私が全社員の給与を決めるとしたらゾッとします。仕組みやルールが整い、組織がつくられているからこそ戦略も活きる、ということを実感しています。

昨年からメンバーを選抜し、「経営戦略室」をプロジェクト化しました。そこでは中期経営計画をディスカッションしながら考えてきたのですが、今後のビジョンとしては、横浜、そして千葉の内房外房にエリアを絞って現在の事業の店舗展開を進めていくと共に、現在も歯科では進めていますが、訪問事業のさらなる推進と、老人ホームも事業として立ち上げることを目指しています。

これらが事業として展開できると、人々の体調管理の入り口として「薬」。これは当社の調剤薬局でサービス提供でき、薬だけではなく体のことであれば整骨院、体の不自由が大きい人にはデイサービス、自宅から出ることが難しい人は訪問、そして最終的には老人ホームという「施設」まで提案できる、という形で、サニタとして網羅的なサービス提供を可能にし、地域になくてはならない存在になることを描いています。

それと同時に1つの目標である年商30億円の到達を目指し、これからも事業を推進していきたいと思っています。

株式会社サニタ　津田　康徳

【図表 53　株式会社サニタの売上推移】

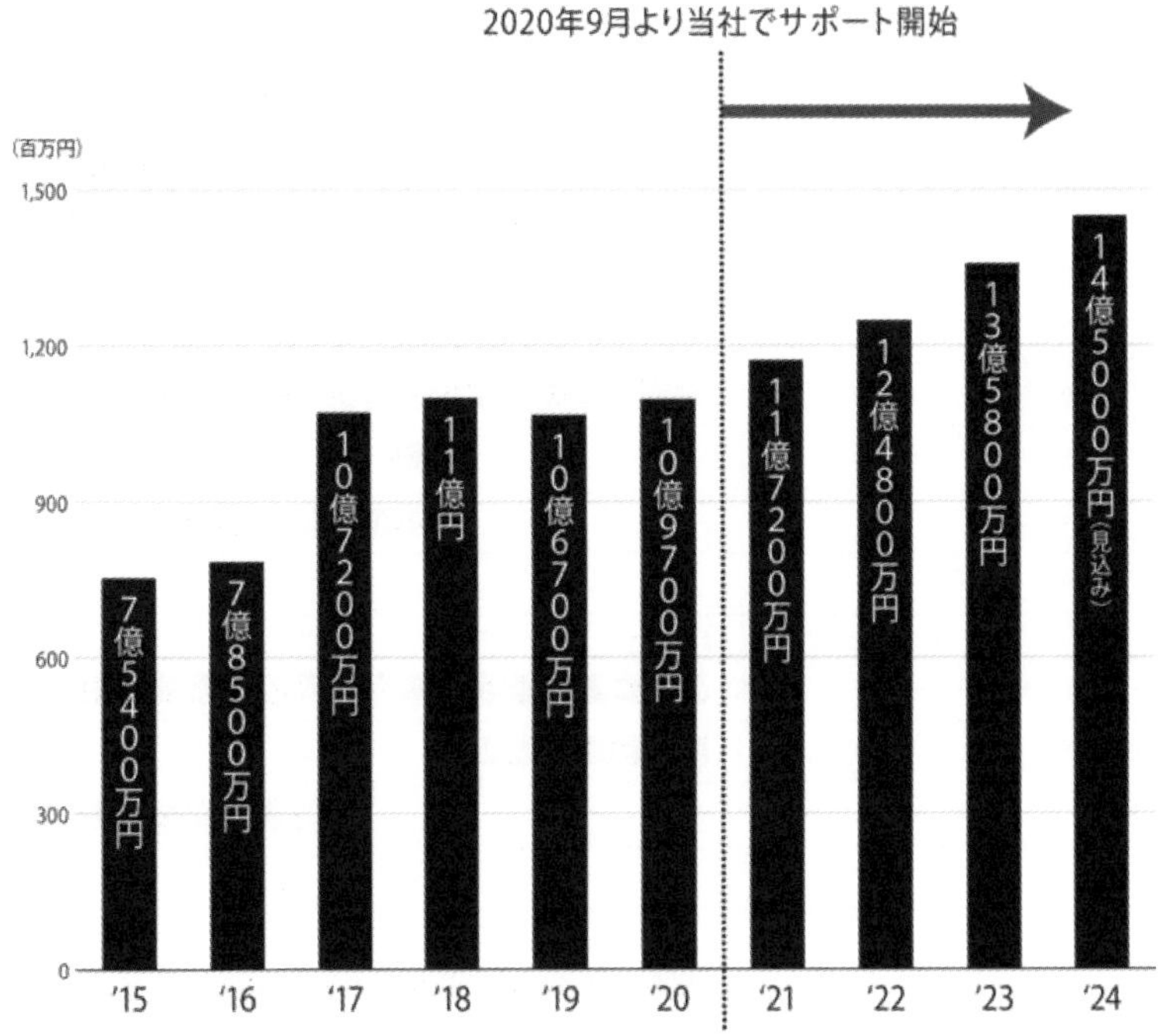

数年、売上が10億円台で停滞していたが、
2020年以降は毎年106～109%アップの
売上伸長率で着実な成長をしている

【図表 54　株式会社サニタとの取り組み】

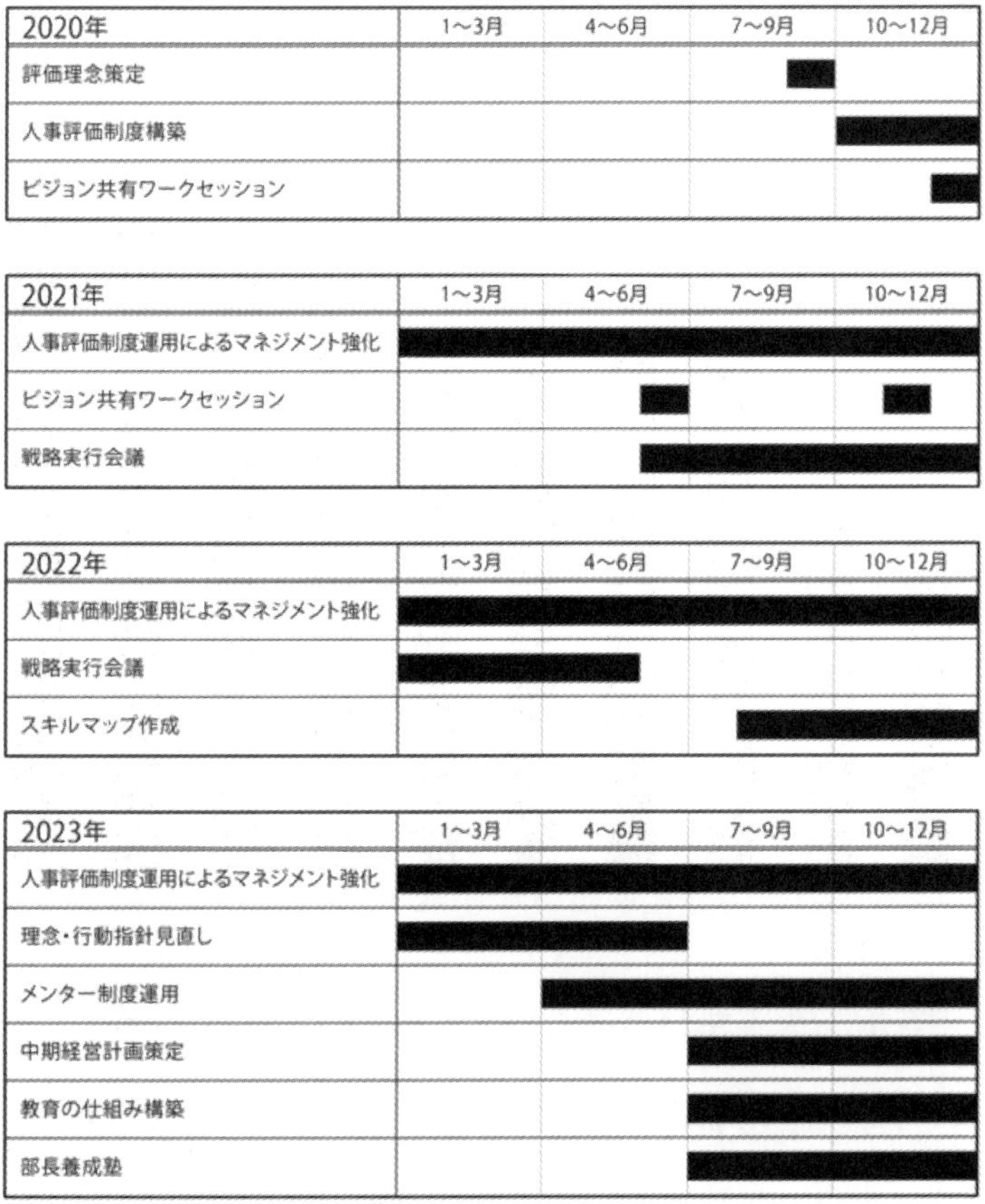

2024年もサポート継続中

第4章

Chapter 4

要諦3
SOFTサイクルを回す

ＳＯＦＴサイクルとは

第二創業組織をつくり、創業オーナーがいなくても回る会社にする３つ目の要諦は、「ＳＯＦＴサイクル」を回すことです。

ＳＯＦＴサイクルとは当社の造語であり、Standard（基準）、Operation（運用）、Feedback（意見）、Tuning（同調）の４つの頭文字からきています（図表55）。

要諦２でつくった仕組みがマネジメントの「ハード面」だとすると、その仕組みを運用する人材や運用の仕方を「ソフト面」として当社では定義しています。

そのような「ソフト」という意味合いも兼ねて、創業オーナーがいなくても回る会社にする３つ目の要諦をＳＯＦＴサイクルとしています。

一般的にビジネスの世界における「ハード」は、施設や設備、機器、道具といった形ある要素のことを指す言葉で、それらハードはつくるだけではなく使わないと意味がないのと同様、マネジメントの仕組みもハードと捉え、使わないと意味がありません。

つまり、いかにして「ハード」であるマネジメントの仕組みを「ソフト」である「人」が効果的に運用していくかが重要なのです。

この「ＳＯＦＴサイクル」を回し続けることで、「ハード」であるマネジメントの仕組みが、そして組織が、「進化」していきます。

【図表55　SOFTサイクル】

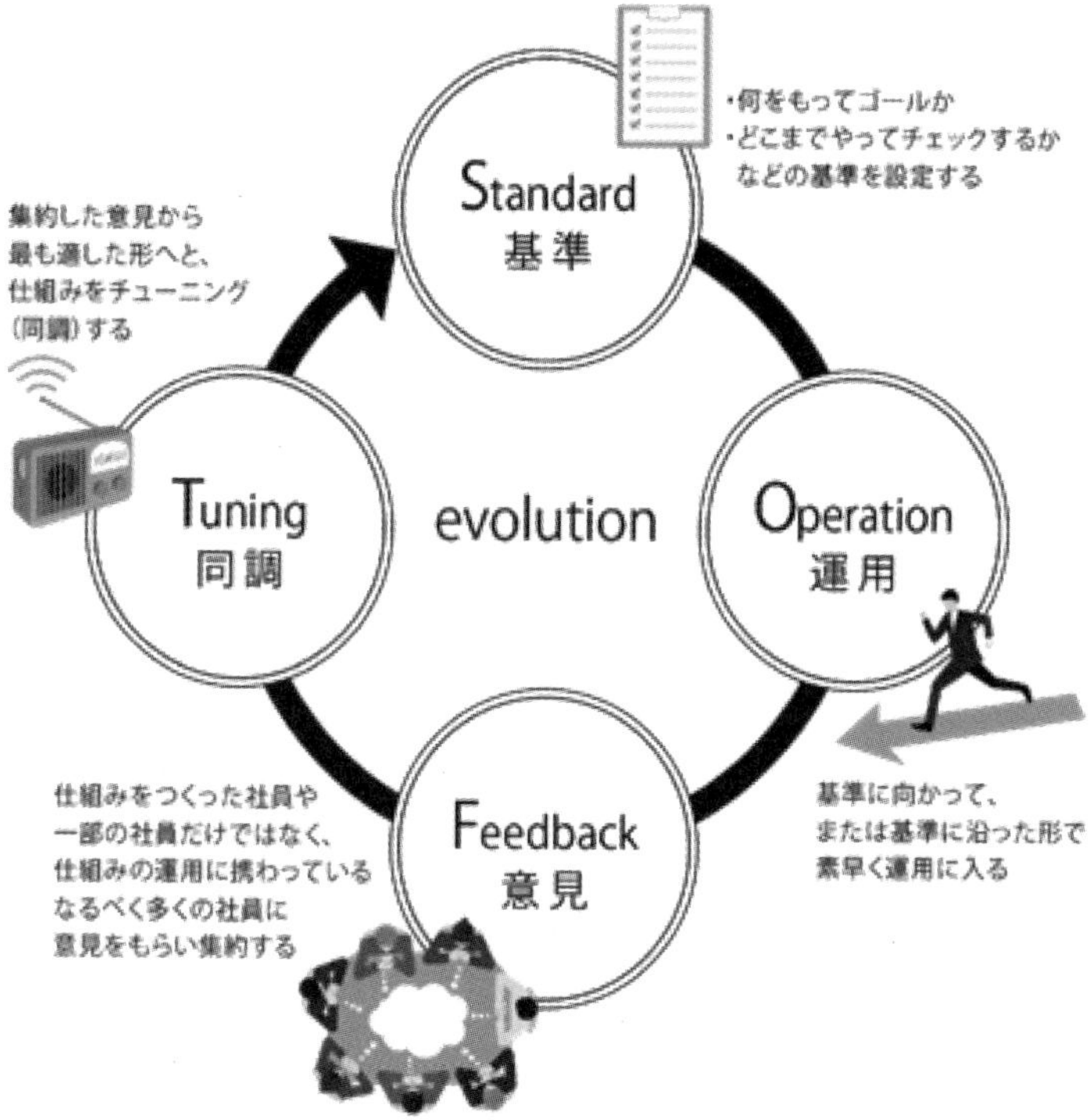

SOFTサイクルを回し続けることで
仕組み、そして組織が「進化」していく

まずＳＯＦＴサイクルの「Ｓ」、Standard（基準）ですが、マネジメントの仕組みを活用していくにあたって、「何をもってよしとするか」「どこまでをいったんのゴールにするか」「何が発生したらチェックポイントにするか」など、運用をしていくうえでの基準を決めていくことがスタートである「Ｓ」です。

基準がなければ「ただ漫然と運用するだけ」になってしまい、もし仕組みに齟齬があったりブラッシュアップが必要だったとしても放置されてしまいます。

そのような形にならないためにも、まずは基準を決めることが必要なのです。

仕組みに使われるのではなく使う

基準を決めたら「Ｏ」、Operation（運用）に入ります。先述したように、仕組みはつくっても運用しないと意味がありませんので、すぐに運用フェースに入ることでＳＯＦＴサイクルを高速で回転させることができます。

運用をしていく中で、基準に沿った形で「Ｆ」、Feedback（意見）を出していきます。ここのフィードバックにおいて重要なことは、一部の社員ではなく、実際に現場で仕組みを運用している社員全員にフィードバックをもらうことです。

仕組みをつくるプロセスでもそうですが、実際につくった仕組みは現場で活用する社員が回すものですので、その社員たちのフィードバックこそが一番重要なのです。

マニュアルづくりの際にもお伝えしていますが、現場のことをよくわかっていない、あるいは現場の最新情報を持っていない一部の社員がつくったマニュアルは「生きたマニュアル」になっていないことがほとんどです。

そのようなマニュアルを活用してしまうと「マニュアルどおりのことしかやらない」「応用が利かない」など、マニュアルに「使われている」状態になってしまいます。

現場で働いている社員がなるべく多く関わって仕組みをつくり、そして運用し、フィードバックを集めることで、「生きたマニュアル」として徐々に洗練されていくのです。

フィードバックを集めたらそれで終わりではなく、どのように現状、もしくは理想の姿に向けて調整していくか、「T」、Tuning（同調）をしていきます。

音楽に多少の知識がある方でしたらおわかりのとおり「チューニング」は音や周波数などを「適正値」に合わせていく、「同調」を指します。

「調整」という表現でもよいのですが、基準を示し、運用し、そしてフィードバックを集約したうえで「適正な姿」に合わせていく、というプロセスからすると「同調」という表現のほうが適切だと思い、当社ではこの言葉をチョイスしています。

このSOFTサイクルをしっかりと回すことで、仕組みが「進化」していき、社員の業務効率、成長、成果へと繋がり、仕組みに「使われる」のではなく、仕組みを「使う」という状態をつくることができます。

図表31でもお伝えしたように、創業50年目以上の企業がこれまで存続してきた最大の要因の回答の1位が「創業当時の製品・サービスを守りつつ、時代のニーズ等にあわせて改善・改良したから」で、全体の65・8％を占めているように、ＳＯＦＴサイクルで常に改善や改良を重ね続けることが重要なのです。

創業オーナー会社ほどSOFTサイクルが回っていない

一概にはいえませんが、これまで私が見てきた多くの「創業オーナーが長らく牽引してきた」会社では、ＳＯＦＴサイクルが回っていないところがほとんどです。

業務における「O」Operation（運用）はもちろん実施しているのですが、「F」Feedback（意見）がなかったり、あったとしても一部の社員のみに留まっています。

また、「T」Tuning（同調）もしてはいるのですが、「F」Feedback（意見）が偏っていたり、感覚でチューニングしているため、適切な「同調」ができていません。

「S」Standard(基準）も言語化していないことがほとんどであり、それにより「O」Operation（運用）から「F」Feedback（意見）への流れがスムーズにいっていないのです。

これらは先述したように、創業オーナーの多くが「仕組み化」「標準化」に苦手意識を抱えていることが多く、それらがなくても創業オーナーの「感覚」でうまくやってこれたため、ＳＯＦＴサイクルも感覚的かつ流動的にやっていることが原因です。

創業オーナーの感覚でSOFTサイクルが回っている会社もありますが、何度もお伝えしているようにそれは創業オーナーがいる状態が前提であるため、創業オーナーがいなくても回る会社、第二創業組織をつくっていくにあたっては、感覚ではなく仕組みとしてSOFTサイクルを回し、マネジメントの「ソフト」を強化していく必要があるのです。

組織的な「フィードバック」の重要性

仕組みを運用していく中で、その仕組みに対してより多くの社員からフィードバックをもらう、という考え方をお伝えしましたが、仕組みを運用する以外においても、企業にとっては組織的にフィードバックを活性化させることが必要です。

フィードバックの語源は「feed（養分・食べ物）」＋「back（戻す）」で、成長を促すために養分を戻すことで、制御工学の分野で使われはじめたとされる説や、イギリスの大戦時、大砲を目標まで正確に飛ばすために、「３ｍ左にズレてる」「４ｍ届いていない」など、大砲を撃つ人に「目標との差」を伝令する人を「Feedbacker」と呼んでいたところからきている説と、諸説ありますが、いずれにしても目標達成や理想の姿へ向けて成長していく、というニュアンスが含まれている言葉なのです。

その意味合いどおり、フィードバックを活性化させること自体が社員にとって、そして企業にとっても成長を促すことになります。

株式会社タバネルの「社員意識とフィードバックの関係についての調査」において、「経営者の考えている方向性を理解している」かどうかに対して「おおいにあてはまる」が6・3％、「ややあてはまる」が27・3％と、経営者の方向性を理解している社員は全体の33・6％という結果になっています（図表56）。

さらにこれら「方向性を理解している」社員に対して、直属の上司からのフィードバックの回数との相関関係について調べると、直属の上司から「月1回以上フィードバックを受けている」と回答した社員が「大いにあてはまる」14・5％、「ややあてはまる」40・0％の合計54・5％に対し、直属の上司から「フィードバックを受けていない」と回答した社員は「大いにあてはまる」が0％、「ややあてはまる」が10・9％で、直属の上司から「フィードバックを月に1回以上受けている社員」は、「フィードバックを受けていない社員」の約5倍多く、経営者の考えている方向性を理解しているという結果が出ています（図表57）。

フィードバックと心理的安全性

近年、いわゆる「組織づくり」のキーワードとして必ずといっていいほど出てくる「心理的安全性」。その重要性や効果については、拙著の過去作などでも度々触れていますが、その心理的安全性はフィードバックとも相関関係があります。

心理的安全性の不足が引き起こす不安は、「無知」「無能」「邪魔」「ネガティブ」の4つですが、

【図表 56　経営の方向性の理解とフィードバックの頻度】

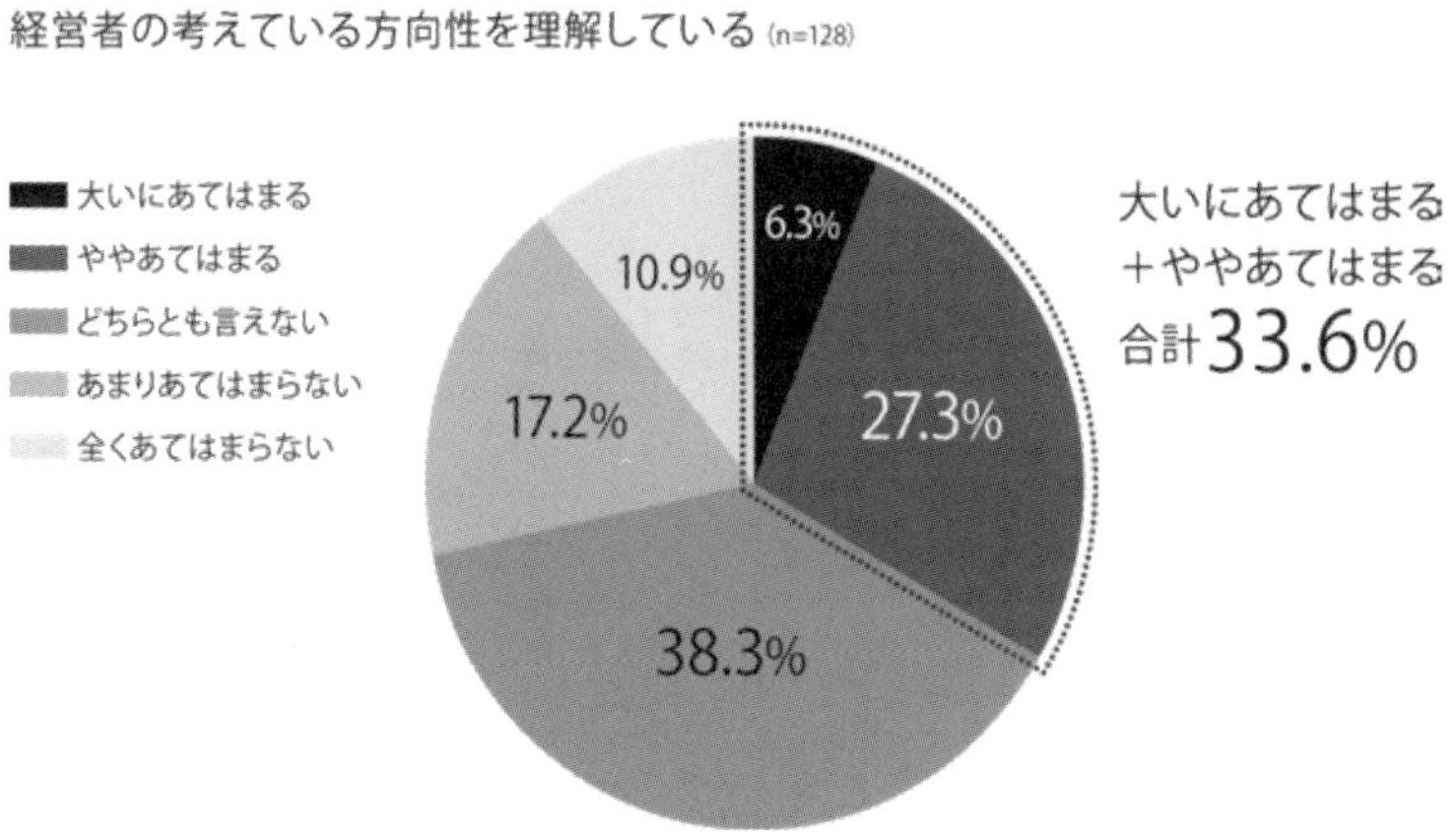

【図表 57　フィードバックの頻度】

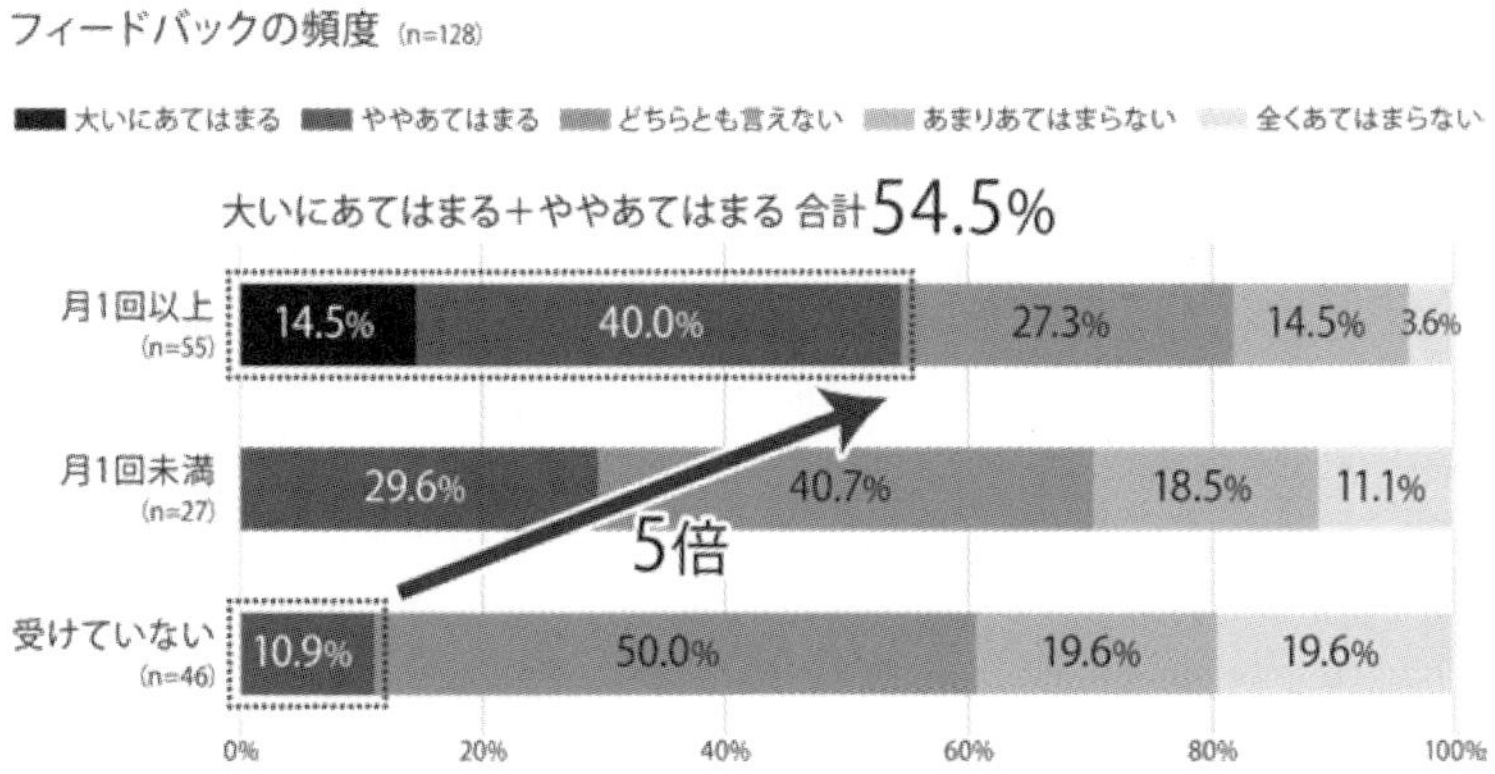

［出典］株式会社タバネル（図表５６・５７ともに）

そのうちの「邪魔」と「ネガティブ」がフィードバックに関連していると私は考えます。

心理的安全性が低い場合、「邪魔」という不安により、自発的な発言を控えたり新しいアイデアを発言しなくなり、また「ネガティブ」という不安により、必要な指摘を躊躇してしまったりチームの問題について発言しなくなってしまう、という形で「フィードバックをしなくなる」風土が醸成されてしまいます。

そうではなく、心理的安全性を高めることで躊躇なく意見やアイデアが言え、必要であればチームの問題を建設的に議論するために否定的な意見も厭わない、そのようなフィードバックができる空気をつくることが重要なのです。

株式会社タバネルの心理的安全性の調査において、フィードバックに関連する「あなたの上司はさらに上の上司に必要な意見を言っている」や「あなたの上司のフィードバックは具体的である」、また「チームの目標や仕事の結果について、チームで振り返りをしている」という3つの質問で、いずれも心理的安全性の高いチームが高い結果となっています（図表58）。

心理的安全性の重要性を世界的に広めたといっても過言ではないGoogleの調査においても『心理的安全性の高いチームのメンバーは、離職率が低く、他のチームメンバーが発案した多様なアイデアをうまく利用することができ、収益性が高く、「効果的に働く」とマネージャーから評価される機会が2倍多い』という結果が出ています。

これらのことからも、心理的安全性を高めることでフィードバックが効果的に機能するといえ、

【図表 58　フィードバックと心理的安全の相】

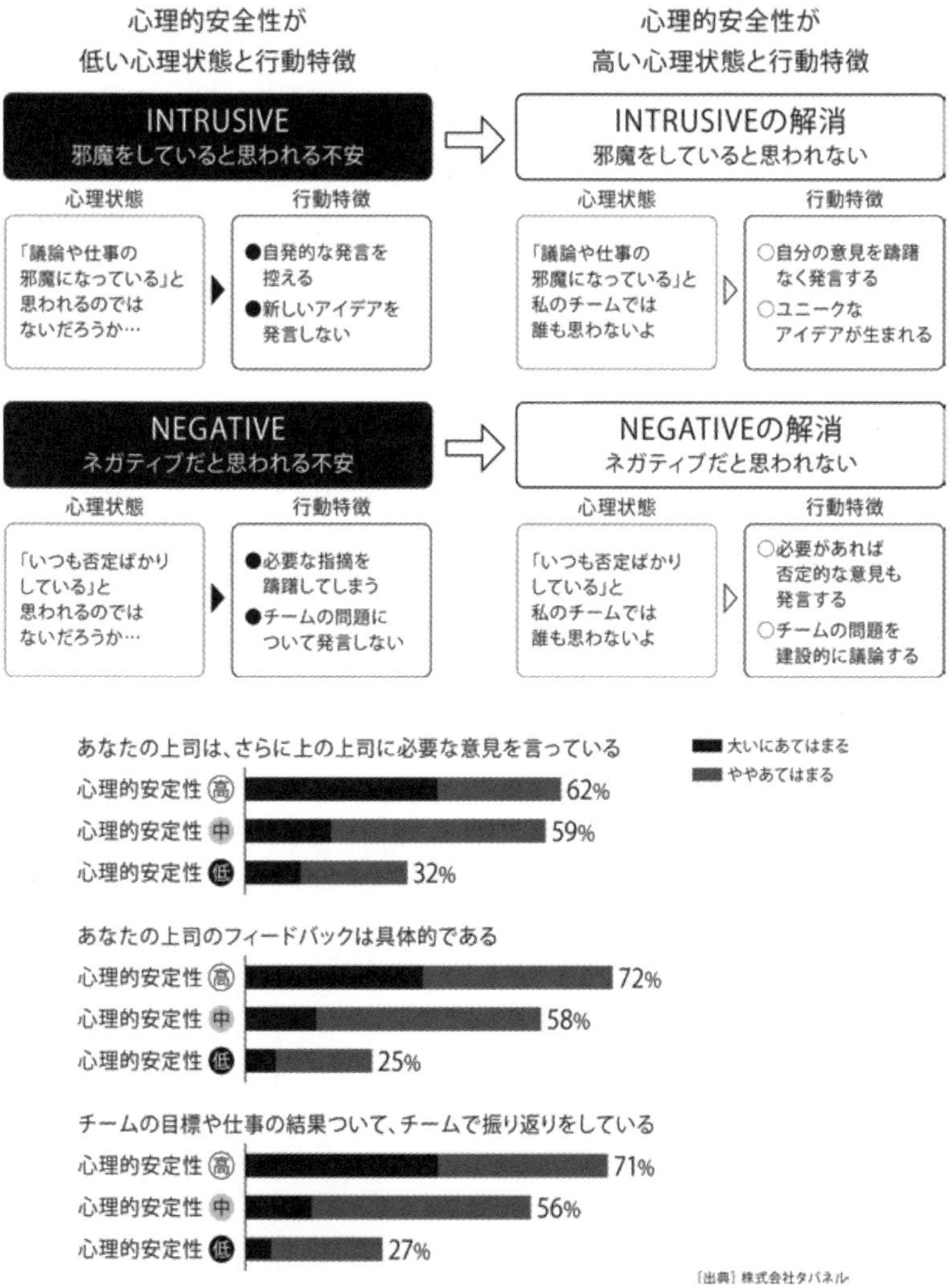
心理的安全性が
低い心理状態と行動特徴
心理的安全性が
高い心理状態と行動特徴
INTRUSIVE
邪魔をしていると思われる不安
INTRUSIVEの解消
邪魔をしていると思われない
心理状態
「議論や仕事の
邪魔になっている」と
思われるのでは
ないだろうか…
行動特徴
●自発的な発言を
控える
●新しいアイデアを
発言しない
心理状態
「議論や仕事の
邪魔になっている」と
私のチームでは
誰も思わないよ
行動特徴
○自分の意見を躊躇
なく発言する
○ユニークな
アイデアが生まれる
NEGATIVE
ネガティブだと思われる不安
NEGATIVEの解消
ネガティブだと思われない
心理状態
「いつも否定ばかり
している」と
思われるのでは
ないだろうか…
行動特徴
●必要な指摘を
躊躇してしまう
●チームの問題に
ついて発言しない
心理状態
「いつも否定ばかり
している」と
私のチームでは
誰も思わないよ
行動特徴
○必要があれば
否定的な意見も
発言する
○チームの問題を
建設的に議論する
あなたの上司は、さらに上の上司に必要な意見を言っている
大いにあてはまる
ややあてはまる
心理的安定性 高 62%
心理的安定性 中 59%
心理的安定性 低 32%
あなたの上司のフィードバックは具体的である
心理的安定性 高 72%
心理的安定性 中 58%
心理的安定性 低 25%
チームの目標や仕事の結果ついて、チームで振り返りをしている
心理的安定性 高 71%
心理的安定性 中 56%
心理的安定性 低 27%

〔出典〕株式会社タバネル

逆にフィードバックを効果的に機能させることが、組織的な心理的安全性を高めることに繋がる、ひいては離職率低下や収益性向上含め、会社全体によい影響を与えるといえるでしょう。

成長実感、エンゲージメントにも影響

また、株式会社コンカーの「フィードバックに関する調査」では、職場でフィードバックが定着化している職場としていない職場と比較をしており、「現在の職場で自己の成長を実感できていますか?」という問いに、「成長を実感している」という回答が、職場でフィードバックが定着化している職場の社員が76%であるのに対し、フィードバックしていない職場は28%と、3倍近くの差が出ているという結果になっています。

「現在の職場に愛着を感じますか?」という問いにも、「愛着を感じている」という回答が、職場でフィードバックが定着化している職場の社員が83%であるのに対し、フィードバックしていない職場は32%と、こちらも3倍近くの差が出ています(図表59-1)。

その他、心理的安全性が高い職場は高くない職場よりもフィードバックの実施率に5・4倍の差があったり、働きがいのある職場はそうでない職場よりもフィードバックの実施率に2・2倍以上の差があるなど、企業において特に近年重要視されている「エンゲージメント(愛着)」や「心理的安全性」にもフィードバックは大きく影響を与えています(図表59-2)。

このように様々な側面でフィードバックには影響力があるのです。

【図表59-1　フィードバックの効果】

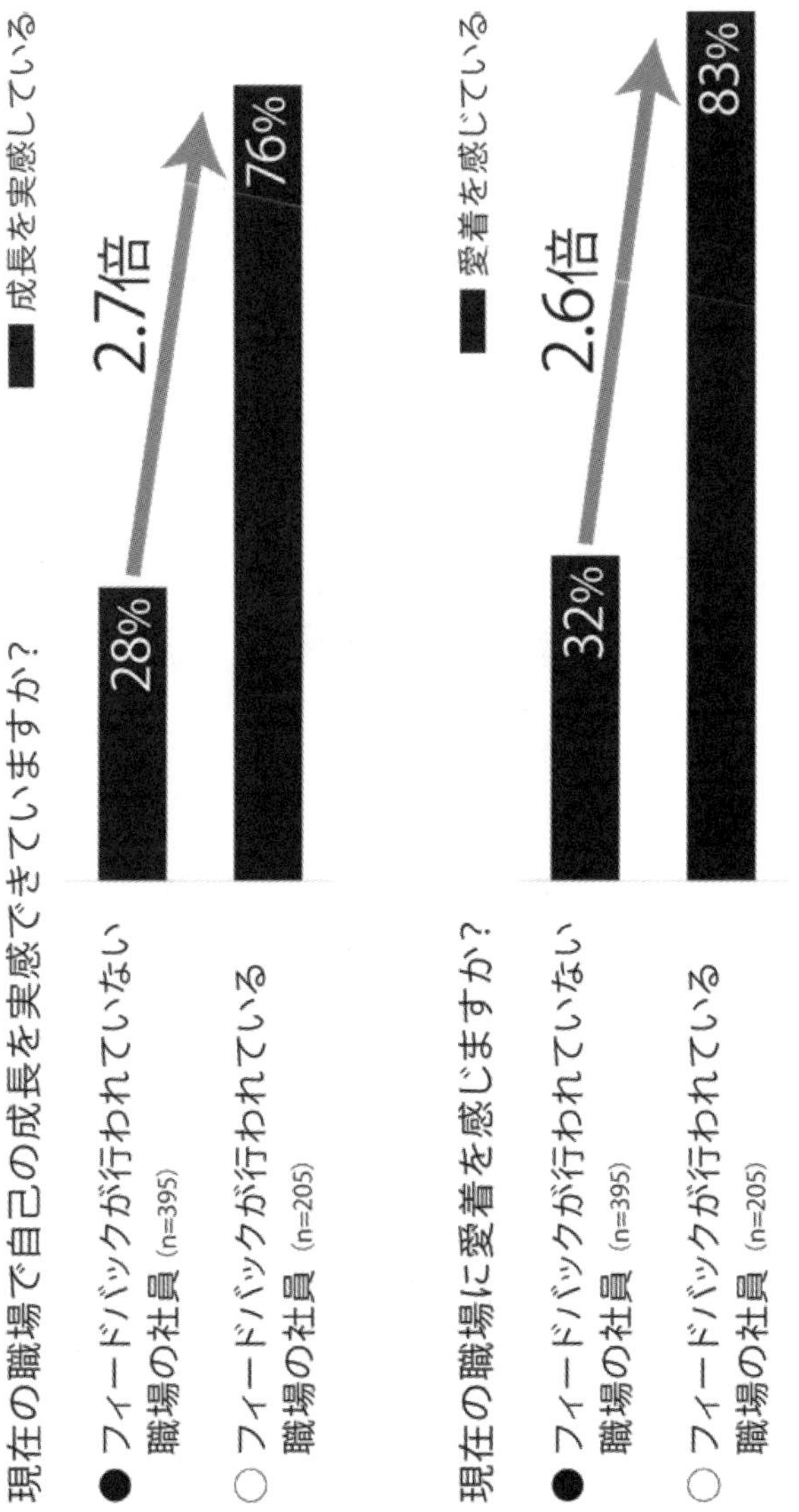

［出典］株式会社コンカー

【図表 59-2　フィードバックの効果】

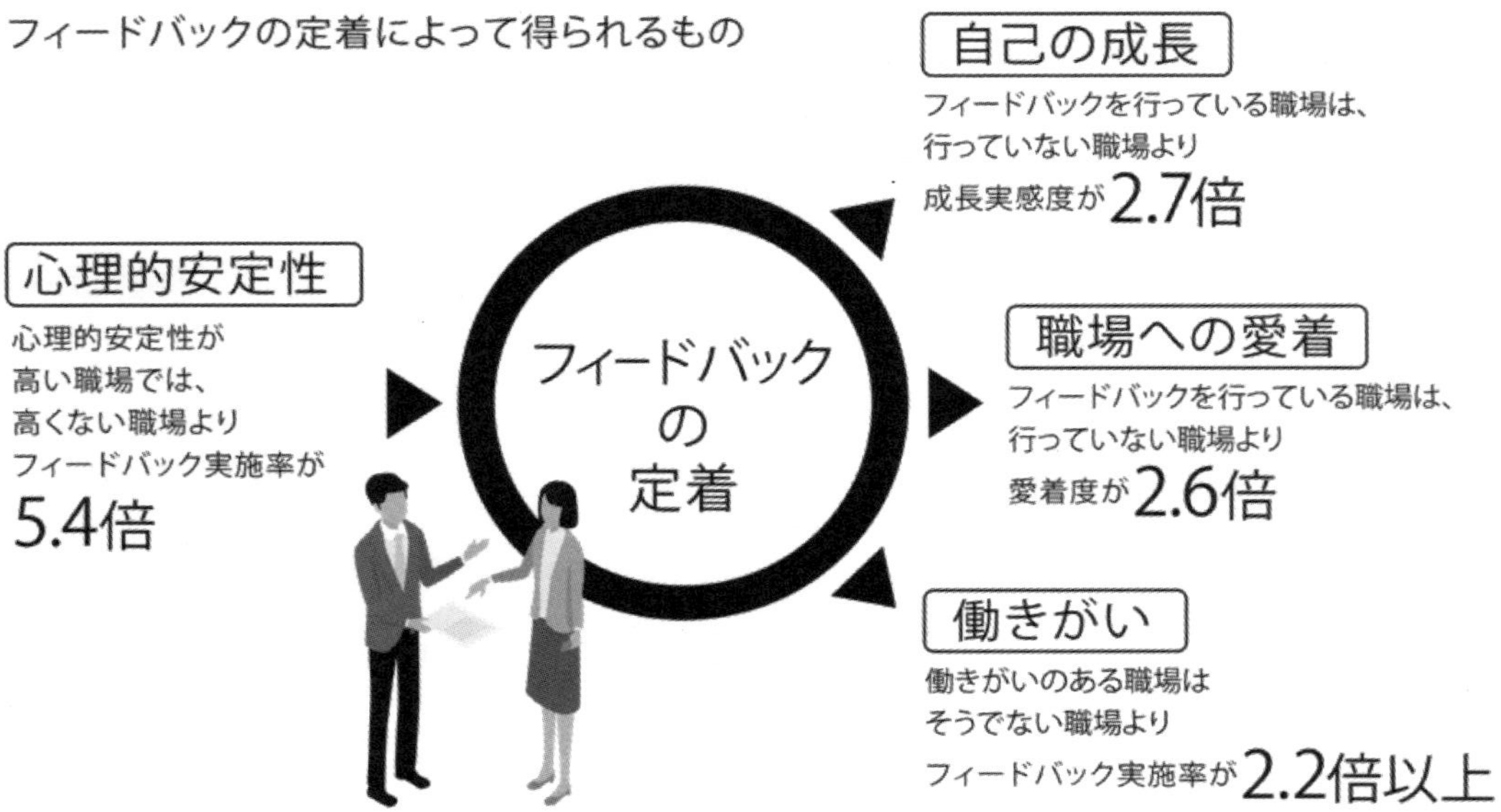
フィードバックの定着によって得られるもの
心理的安定性
心理的安定性が
高い職場では、
高くない職場より
フィードバック実施率が
5.4倍
フィードバックの定着
自己の成長
フィードバックを行っている職場は、
行っていない職場より
成長実感度が2.7倍
職場への愛着
フィードバックを行っている職場は、
行っていない職場より
愛着度が2.6倍
働きがい
働きがいのある職場は
そうでない職場より
フィードバック実施率が2.2倍以上

［出典］株式会社コンカー

これらの結果からも、特に創業オーナーがいる会社においては、エンゲージメントや心理的安全性が担保できているかもしれませんが、創業オーナーがいなくなってからの会社を考えると、人ではなく組織として、そして仕組みとして社員のエンゲージメントや心理的安全性を担保し、さらに上げていくことが必要なのです。

ボトムからのフィードバックは全体最適の目線

ＳＯＦＴサイクルを回す際のフィードバックは、なるべく多くの社員にもらうべきですが、特にボトム層の社員からのフィードバックについては注意が必要です。

一般的な視座における考え方として、経営者は「経営目線」でかつ「長期的な視野」で物事を捉え、考えていきますが、ボトムの社員は「自分目線」でかつ「短期的な視野」で物事を捉え、そして思考をします。

もう少し言い方を変えれば、経営者は常に全体最適で物事を考えていきますが、ボトム社員は部分最適で物事を考えていくため、フィードバックの内容や質が階層によって大きく異なる可能性が高いのです。

特に自社の５Ｗ１Ｈの浸透や、マネジメントの仕組みを回していく、という意味でのＳＯＦＴサイクルにおいては、経営目線・全体最適・長期的視野を軸にしたフィードバックでなければなりません。

５Ｗ１Ｈやマネジメントの仕組みは、経営目線からすると非常に重要な考え方であり、かつ必要なものですが、ボトム社員からするとその仕組み自体が煩わしかったり、自身の負担が増える、という勘違いから、「自分の思ったことをフィードバックしていいよ」という形で自由にフィードバックを求めてしまうと「○○は辞めたほうがよい」のような、ポジティブではなくネガティブで、かつ全体最適ではなく部分最適なフィードバックに終始しがちです。

そのようなフィードバックでは意味がありませんので、例えばボトムの社員にフィードバックを求める際にも「全体最適」や「長期的視点」の考え方を共有したうえで、フィードバックをする際は枕詞に「会社がよくなるためには○○に変えたほうがよい」「長期的に考えると○○したほうがよい」という形で、フィードバックのフォーマットを指定するなどして、こちらに関してもある種の「仕組み」にする必要があります。

これらのフィードバックを通して、全体最適や長期的視点を習慣化させること自体もボトム社員のレベルアップに繋がり、ひいてはそれが会社全体のレベルアップに繋がっていくのです。

企業としての生産性を上げる

企業が価値創造のための事業活動の効果・効率を高めることで競争上の優位性を構築し、徹底的に磨き上げることを指す「オペレーショナル・エクセレンス」。これを目指すことによって企業としての生産性は間違いなく上がっていきます。

少子高齢化に伴う生産年齢人口の減少、そして人手不足が加速するのが間違いない未来の中で、

「どのように労働力を確保するか」「どのように人材採用競争力を上げていくか」と共に、「どのように企業として生産性を上げていくか」「社員1人ひとりの生産性を上げていくか」が、多くの中小企業において重要な課題であるといえます。

特に「労働集約型ビジネス」の業種の企業は「人」という労働力が、企業としての「維持」そして「成長」する力にほぼ比例するため、人材採用の視点と共に生産性をどのように上げていくか、に対して早晩手を打つ必要があります。もちろん現時点で自社の生産性に課題を感じ、様々な策を講じている会社も多いでしょう。

中小企業庁の調べによると、中小企業における業務見直しの実施状況を取組単位別にみた際、1番多かったものが「部門単位で業務の見直しを行っている」で26・7％、続いて「個々の従業員のレベルで日々工夫しながら業務の見直しを行っている」が24・9％、反対に「特段、業務の見直しは行っていない」の回答は13・8％という結果になっています（図表60）。

これらから取組単位の違いはあるものの、大多数の中小企業が業務見直しの取組を行っていることが見て取れます。

さらに従業員規模別にみると、従業員規模が大きくなるほど「全社単位で業務の見直しを行っている」と回答した企業の割合が高くなる傾向にある一方、企業の規模が小さくなるほど「個々の従業員のレベルで日々工夫しながら業務の見直しを行っている」と、「特段、業務の見直しは行っていない」と回答している企業の割合が高くなっています。

【図表60　業務見直し状況の実態】

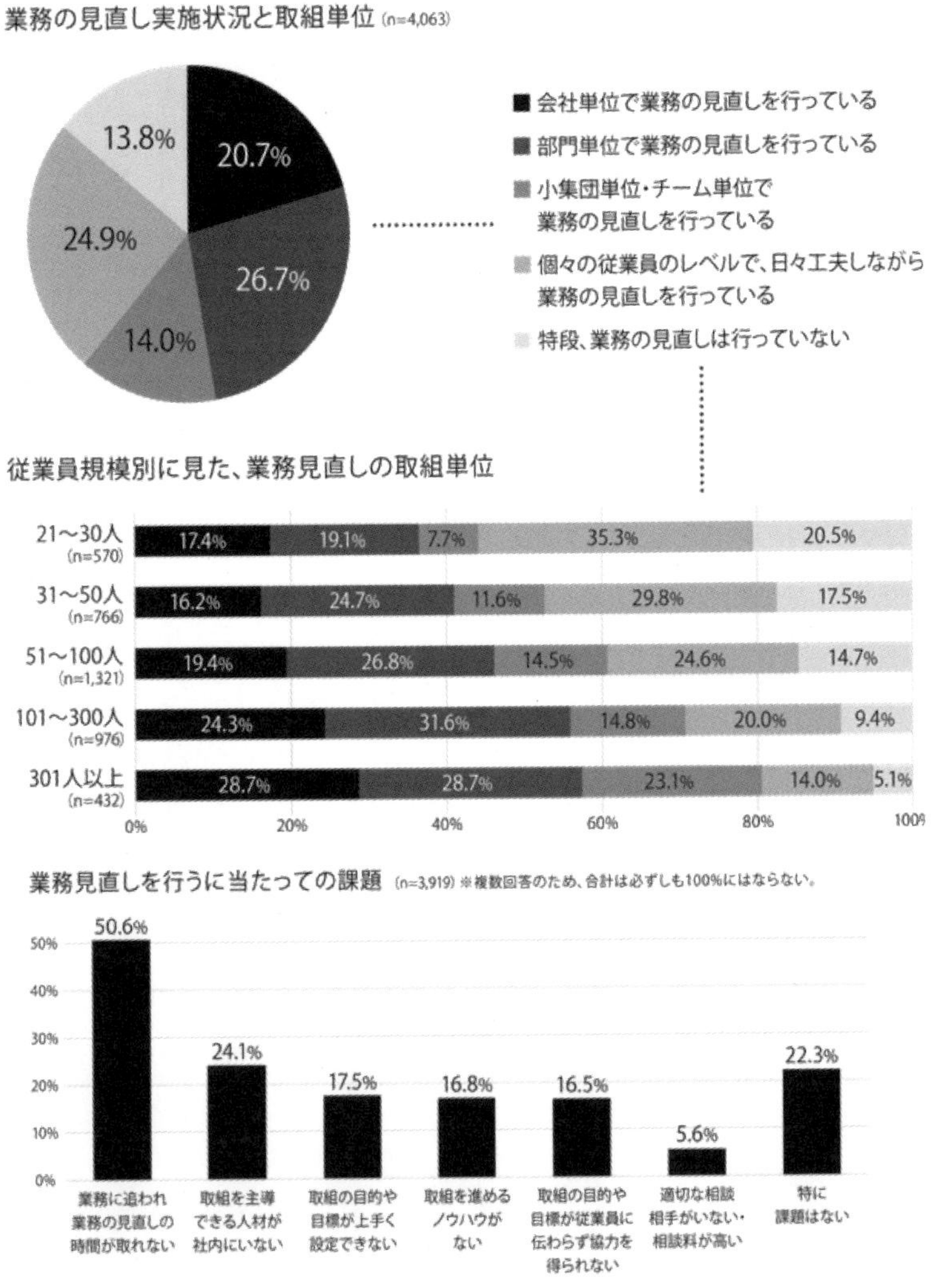

資料：三菱UFJリサーチ＆コンサルティング(株)「人手不足対応に向けた生産向上の取組に関する調査」(2017年12月) 〔出典〕中小企業庁

従業員規模が小さいほど、そもそも業務の見直しを行う必要があると共に、単位としても「全社単位」で業務の見直しを行う必要があるにも関わらず、このような結果になっているのは「業務見直しを行うにあたっての課題」で最も多かった回答「業務に追われ、業務見直しの時間が取れない」が関係しているともいえます。

従業員規模が小さい会社ほど、人材や労働力に余裕がない状況で業務を回しているのは想像に難くありませんが、とはいえ業務見直しに手を打つことをしない限り、いつまでも生産性が上がらない「業務の自転車操業」から抜け出せなくなってしまいます。

これらからもオペレーショナル・エクセレンスの視点を持った、企業としての生産性向上に手を打つ必要があるのです。

問題解決能力が高まる

基準を決め、運用し、フィードバックを集め、同調していく、というSOFTサイクルを回し続けることによって、社員１人ひとりの、ひいては会社・組織全体としての問題解決能力が高まっていきます。

VUCA「Volatility（変動性）Uncertainty（不確実性）Complexity（複雑性）Ambiguity（曖昧性）」と呼ばれる物事の不確実性が高く、将来の予測が困難な時代となっている昨今、企業としても多くの問題に直面していくでしょう。

その中で企業としても、社員個人としても問題解決能力を高めていくことは、会社として「創業30年の壁」を超え、生き残っていくにあたって、またカンパニー・ライフサイクルの第二成長期へ向かっていくにあたって必須であるといえます。

SOFTサイクルを回し、問題解決能力が上がっていくことで如実になるのは、社員1人ひとりの「基準」が引き上がることです。

逆に、社員1人ひとりの「基準の視座」が引き上がることが、問題解決能力の向上に繋がっていくともいえます。

基準設定のポピュラーな考え方は「KGI」です。最終的にどのような数値やアウトプットをゴールとして基準に置くかが最もわかりやすいのですが、5W1Hの浸透やマネジメントの仕組みを回すということにおいては定性的であるため、その結果が定量化しにくく、仮に定量化できたとしても直接的にどう起因しているかが不明確で、かつ時間がかかるためSOFTサイクルが回りにくくなってしまいます。

そのようになってしまっては効果が出ないため、SOFTサイクルの回しはじめは「KDI」レベルで基準を設定することで、ゴールがより見えやすく、かつ到達までのスピードが早くなり、サイクルを高速化することができます（図表61）。

そのような形でSOFTサイクルを回し続けることで、基準がKDIレベルからKPIレベルへ、そして最終的にはKGIレベルの基準へと「基準の視座」が徐々に上がっていくと同時に、組織的

【図表61　「基準」の視座が徐々に上がる】

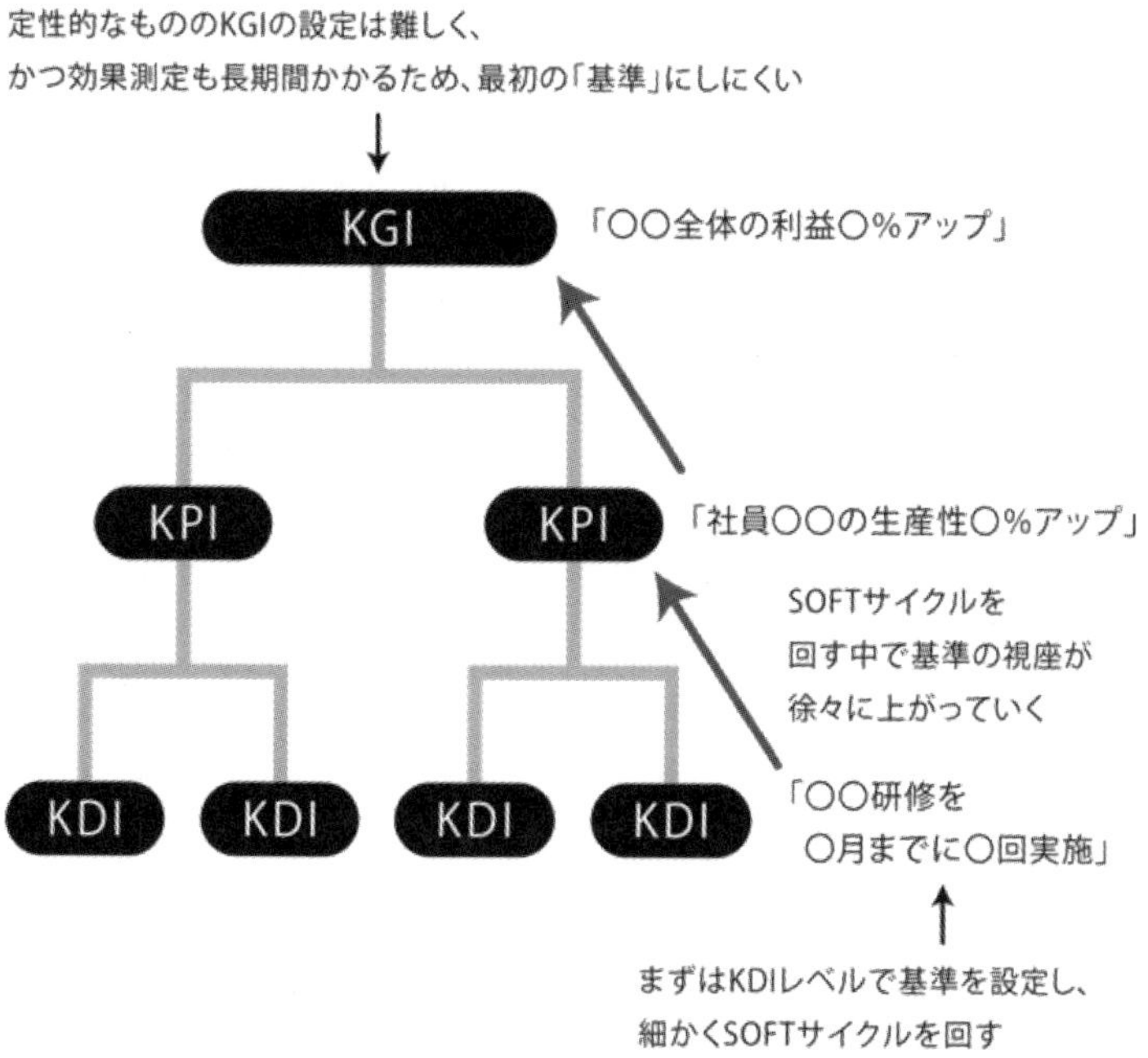
定性的なもののKGIの設定は難しく、
かつ効果測定も長期間かかるため、最初の「基準」にしにくい
KGI
「○○全体の利益○%アップ」
KPI
KPI
「社員○○の生産性○%アップ」
SOFTサイクルを
回す中で基準の視座が
徐々に上がっていく
KDI
KDI
KDI
KDI
「○○研修を
○月までに○回実施」
まずはKDIレベルで基準を設定し、
細かくSOFTサイクルを回す

最初はわかりやすく取り組みやすい
ＫＤＩレベルで基準を設定し、
ＳＯＦＴサイクルを細かく回すことで、
ＫＰＩ、ＫＧＩへと徐々に基準の視座が上がっていく

な問題解決能力も上がっていくのです。

SOFTサイクルを回し続けて「壁」を突破する

ここまで要諦の3つ目として「SOFTサイクル」の考え方や実施方法について触れてきましたが、このSOFTサイクルを回し続けることで企業成長における「壁」を突破することができるのです。

本書は「創業30年」という「壁」について、一貫してその超え方をお伝えしてきましたが、拙著ではありますが「年商30億円」や「社員30名」という「壁」においてもSOFTサイクルを回し続けることが必要です。

つまり、数字の単位はどのようなものであれ、成長が停滞してしまっている、「壁」に阻まれている企業のほとんどはSOFTサイクルが回っていません。

私がこれまで多くの顧客に携わる中で、コンサルティング開始前に経営者やキーマンに自社の現状をお聞きすると、「色々な施策をはじめてみても長く続かない」「やろうと思って何かはじめてみても、結局は形骸化してしまう」などの声が非常に多いのです。

もちろん、まずは「目の前の利益」を中心に事業を進めることが基本なのですが、そのような「緊急かつ重要な仕事」だけではなく、本書でお伝えした内容にあるような「緊急ではないけれど重要な仕事」にも力を注ぐことが「壁」を突破するために必要なのではないでしょうか。

顧客インタビュー

Customer interview

株式会社みぼろ

代表取締役

御母衣 崇秀 様

創業30年の時期に事業の転換期

当社は１９５９年に私の父が創業した企業で、創業から30年は包装資材の販売が事業の中心でした。

創業以来、「お客様の喜びに真摯によりそう」を経営の根本に置いて、歴史を築いてまいりました。そして創業30年を超えた１９９５年に、当時からお取引のあった百貨店の外商の方より「顧客であるカード会社の発送代行をして欲しい」という依頼があり、その依頼からスタートしたのが現在の当社の中心事業であるキャンペーン事務局代行の事業です。

この事業のスタート当初こそ発送の代行のみをサポートしていましたが、お客様の手間を削減するようなサービスや、キャンペーンを成功させるための仮設検証に必要なデータの収集など、当社からご提案させていただいたサポートにお喜びいただき、それらの積み重ねから信頼をいただくようになったことで、データ、メールなどでの応募管理や、入力・集計・賞品手配を行う事務局運営など、キャンペーンにおける全般のサポートをさせていただくという、現在のサービス領域まで広げることができました。

現在では百貨店の他、飲料メーカーや広告代理店など、大手・中堅規模の企業との取引がメインとなっており、まさに創業30年の時期に、当時の包装資材の事業のままでは生き残れなかったであろう、事業の転換に成功することができました。

売上は安定していたが…

そのように信頼を積み重ねていった結果、お取引企業も名のある大手や中堅企業ばかりということもあり、売上はよい意味で安定していました。

私自身、「売上を拡大させていきたい」「急成長していきたい」という考えはそれほど持っておらず「着実に成長させたい」という方針でしたので、売上が安定していること自体に大きな不満はなかったのですが、組織として見てみると社員はもちろん真面目に働いてくれているのですが、なんとなく漫然と働いているというか、夢や目標、働きがいのようなものをもって働いている社員が少ないな、と感じていました。

創業歴が長い会社ほど同じような感じ方をしている経営者も多いと思うのですが、表面的に何か大きな問題があるわけではないのですが、より社員が生き生きと働くような、やりがいや高い意識をもって働く組織風土にしていきたかったのです。

鉛筆をなめて評価をしていた

そのような組織風土をつくっていく1つの考え方として、しっかりとした人事評価や給与体系が必要なことは経営者仲間や様々なセミナーなどを通して見聞きし、感じていましたが、実際当時は会社規模も小さかったこともあり、社長である自分がいわゆる「鉛筆をなめて」評価や給与を決めていく、という典型的な形でした。

それが表立って社員から不満が出るようなことはなかったのですが、「○○ができると評価されて、これくらい給与が上がる」という明確なフィードバックが社員に対してできなかったり、逆に、「○○をすると評価が下がる。給与も上がらない」ということも社員に伝わらないという状況はよくないな、と思っていました。

社員それぞれに対して社長である自分が日常のことで注意をしたり、評価をしたりということをやってはいるものの、私も人間なので、どうしてもその時の状況や気分などによってそれらのフィードバックに一貫性がなかったりするため、評価される社員側からすると「嫌だろうな」「不公平感があるのでは」と感じていました。

明確で公平感ある制度へ

そのような組織から、公平感があり、だれが見てもわかりやすい人事評価制度に変えていきたい、という思いで様々な伝手を辿ったり調査をした結果、縁があって佐々木さんに辿り着きました。

実際に人事評価制度を構築していく際は、よくあるテンプレートのようなものでつくるのではなく、当社の業種や職種の特徴に合わせた形で、ほぼ1からつくっていくプロセスが印象的でした。

また、人事評価制度をつくるだけではなく、形骸化しないように自社内でしっかりと運用できる状態になるまで運用フォローをしてもらったことも大きかったです。

結果、社員から見ても「何をすれば評価されるのか」「どのような評価でどれくらい給与が上がるのか、昇格できるのか」が明確になり、かつ評価をするのが社長である自分だけでなく、管理職が一次評価をし、査定会議の場で全社員を最終評価していく、というプロセスで運用できているため、公平感ある制度になっているのではないかと思います。

制度自体も何年かに1回、時代や組織の変化に合わせてチューニングしており、よい形で運用し続けられています。

組織体制の変更と新卒採用による化学反応

そのような人事評価制度と並行する形で、当時は営業部と業務部、という形の「機能別組織」で運営していましたが、佐々木さんからの提案で1つのグループに営業と業務を混同させ、複数のグループでそれぞれ顧客アカウントを持ちながら運営していく「チーム型組織」へと組織体制を変更しました。

従来の機能別組織の時には、お互いの部の目的や目標の違いから、営業部としては「ある程度安くても、ないよりは仕事を取ったほうがいい」に対して、業務部としては「安くて難易度の高い仕事では採算が合わないし、メンバーも疲弊する」という、多くの会社でもよくあるような部署間における軋轢が多少なりともありました。

そこで、人事評価制度をつくる際にも、評価の項目に「チームプレイ」に関わるものが多かったこともあり、その制度の一新とタイミングを合わせる形で、チームごとにある意味での独立採算制を担い、チーム単位で利益と業務量の管理をしていく、という組織体制へ変更することで、従来のような組織感情の課題の払拭を狙いました。

この変更により、機能別組織で起こっていたような軋轢はほぼなくなり、それぞれのグループが利益を意識して仕事をするようになったのと同時に、以前にも増してお客様に対してよいサービスを提供していこう、ということに意識が集中するようになりました。

加えて、これまでは人材採用も中途採用のみだったのですが、新卒採用をスタートしはじめ、社内に新しい風を吹かせることができました。

もともと新卒採用も佐々木さんから提案されていて「ウチの会社だとまだ早いのではないか」としばらく二の足を踏んでいましたが、２０１３年に意を決して実施に踏み切りました。

実際に新卒採用を実施すると「教える体制を整えなければ」という意識が会社にも、そして既存の社員にも芽生えるため、教育の仕組みを構築しなければいけない、という動きが加速されましたし、既存の社員にも「しっかりと教えよう」という意識が出てきており、現在では先輩がしっかりと教える文化が熟成されています。

また、人事評価制度で明確にしたこともあり、現在では新卒出身のメンバーがグループのマネージャーになるなど、年功序列ではなく、実力のある社員が確実に昇格していく、という形で組織の活性化が見られます。

常にブラッシュアップし続ける

このように様々な施策を講じてきましたが、それらがしっかりと成果に結びついているのも、常にブラッシュアップをし続けてきたからではないかと思っています。

仕組みとして構築してきた人事評価制度については、会社としての戦略や入社してくる社員の特性などによってマイナーチェンジをしています。

特に直近では、当社の業務特性から社員の「スキル」に対してよりフォーカスを当てた形にしており、プラス業務量を独自の指標で評価換算することで、現在の自社により適合した制度として運用しています。

さらに今期に関しては、株式会社としては50期を超えたタイミングで、気持ちとしても新たにという意味も含め、これまでの「経営理念」「経営基本方針」を一新しました。

これらも佐々木さんにお手伝いいただきながら、つくるだけではなく運用し、そしてブラッシュアップし続けることで、当社としてもより長く存続していき、そして着実な成長へと繋がっていくのではないかと思っています。

売上は倍。粗利益率は上昇の一途。そして未来へ向けて

先述したように、私自身は自社を「急成長させたい」というよりも「着実に成長させたい」という思いのほうが強いのですが、結果的にはこれら人事評価制度から組織体制の変更、新卒採用と様々な施策が化学反応した形で、当時から売上は倍になりましたし、粗利益率は年々上昇の一途を辿っています。

私自身も以前にも増して、自分が会社を引っ張るというよりも、社員1人ひとりの成長が大事であり、それこそが企業存続に必要なことだという思いを強くしています。

2019年に創業60年を迎え、今年度は経営理念や経営方針を一新するなど、未来へ向けてさらなる発展を目指しています。

急成長ではなく着実な成長、という方針は現在でも変わっていませんが、何よりも会社として利益を上げ続けることで存続し、それが同時にウチで働いている社員1人ひとりの幸せに繋がっていく、そのようなビジョンを描いています。

株式会社みぼろ　御母衣　崇秀

おわりに

本書は「創業30年」という企業における1つの分岐点にフォーカスして執筆いたしました。第1章では『「創業30年の壁」とは』というタイトルで、創業30年企業における創業オーナーや経営の在り方、組織の特徴など、創業30年の壁を超えるにあたってのヒントとなる内容をお伝えし、第2章では、創業オーナーがいなくても回る会社にするための要諦の1つ目として、「自社の5W1Hを決める」という内容で、一般的に報連相やメモ、プレゼンテーションなどの技法で知られる「5W1H」のフレームワークの「Why」「What」「Who」「Where」「When」「How」を、第二創業組織をつくるうえで必要なものに置き換えた形で、決めるべき内容とその順番についてお伝えしました。

第3章では、要諦の2つ目として「マネジメントの仕組みをつくる」というテーマで、創業オーナーや個の力に依存しない組織、つまり「属人化組織」から脱却するために必要な4つのマネジメントの仕組みについて、つくる順番やプロセスについてお伝えし、最後の第4章は、「SOFTサイクルを回す」という内容で、創業オーナーがいなくても回る会社にするために必要な、当社の造語である「SOFTサイクル」をどのように回していくかについてお伝えしました。

拙著ながら過去作に「年商30億円の限界突破」「社員30名の壁超え」があり、その2作を含め、今回企業において「壁」となりえる「30」のつく数字「創業30年」にて、「30の壁シリーズ3部作」

が完結した形となります。

このような「30の壁」を中心に、これまで企業成長に停滞感がある会社を専門にサポートしてきた私に断言できることは、先述した3部作の単位にかこつけるわけではありませんが、「年商」であるにしても「社員数」にしても、そして「創業年数」にしても、成長の壁に阻まれている会社の悩みや構造、解決策はほぼ共通しているということです。

それは「30」という数字にも言えることで、年商が70億円でも、社員数が50名でも、創業年数が15年でも変わりません。

いずれにしても、そのような売上が停滞しているという「壁」に悩んでいる経営者が非常に多く、それでもただ手をこまねいているわけではなく、様々な策を講じながらもうまくいかない、という状態の会社がほとんどなのです。

そのようなお悩みのある会社、そして経営者に本書が1つでも多くのヒントをお渡しできたらこれ以上の喜びはありません。

冒頭、企業寿命30年説や、企業の平均寿命「23・1年」というデータもお伝えしましたが、社会情勢の急速な動きや、ＡＩを代表とする様々な技術革新など、企業を取り巻く外部環境がよい意味でも悪い意味でも目まぐるしくなっている昨今において、企業寿命30年説や、企業の平均寿命「23・1年」という数字は、今後ますます短くなっていくのではないか、つまり企業として生き残ることがさらに難しくなっていくのではないか、と予測するのは、なにも私だけではないでしょう。

本書でも触れましたが、ダーウィンの「生き残るのは最も強い者や最も賢い者ではなく、変化に最もうまく対応できる者だ」にもあるように、企業としても「すべてを変える」ということではなく、よいものを残しつつマイナーチェンジするように組織を変えていくことで、外部環境の変化に順応できる社員、そして会社がつくられていくのではないでしょうか。

最後に、本書を執筆するにあたり、顧客インタビューに快く応じていただいた株式会社サニタの津田社長、株式会社みぼろの御母衣社長に感謝申し上げます。

「創業30年の壁を超えることができた」「第二創業組織をつくれた」「創業オーナーがいなくても回る会社になった」という会社が1社でも増えるように、と思いを込めた本書がその一助になれば幸いです。

ＷＩＴＨ株式会社　代表取締役　佐々木　啓治

著者略歴

佐々木　啓治（ささき　けいじ）

ＷＩＴＨ株式会社　代表取締役

1984年生まれ　山形県出身。「年商30億円」「従業員30名」「創業30年」など､企業成長の過程において阻まれる「壁」を超えるサポートを専門としたコンサルタント。

大学卒業後、人事コンサルティングファームに入社し、3年で50社のコンサルティングに携わった後、2010年に独立。

「企業成長の壁超え」に特化した独自のコンサルティングノウハウで、年商30億円や従業員30名の直前で伸び悩んでいる企業の壁超えを続出。

顧客から「ここ数年、売上が10億円で停滞していたが、30億円を超えることができた」「社長である自分が現場から離れても従業員30名を超え、成長し続ける組織になれた」など高い評価を得る。

現在も「関わるすべての顧客の壁超えに貢献する」をミッションに日々奮闘中。

「創業30年の壁」を超える第二創業組織づくり
創業オーナーがいなくても回る会社にする3つの要諦

2024年7月30日　初版発行

著　者　佐々木　啓治　

発行人　森　忠順

発行所　株式会社 セルバ出版
〒113-0034
東京都文京区湯島1丁目12番6号 高関ビル5B
☎ 03（5812）1178　FAX 03（5812）1188
https://seluba.co.jp/

発　売　株式会社 三省堂書店／創英社
〒101-0051
東京都千代田区神田神保町1丁目1番地
☎ 03（3291）2295　FAX 03（3292）7687

印刷・製本　株式会社 丸井工文社

ISBN978-4-86367-907-8